技工院校电子商务专业教材
中等职业学校电子商务专业教材

网店运营实务

陈晓燕　主编

中国劳动社会保障出版社

内容简介

本书以淘宝网店运营全流程为例，详尽阐述网上开店、网店商品发布与维护、网店装修、网店管理、网店数据收集与整理、网店促销活动管理等网店运营核心环节的工作要求和工作方法。教材内容紧贴行业实际，注重实用性与操作性，通俗易懂，突出技能培养。

本书由陈晓燕主编，关井春、张烨、赵宜珍、曹菁参编。

图书在版编目（CIP）数据

网店运营实务 / 陈晓燕主编. -- 北京：中国劳动社会保障出版社，2025. --（技工院校电子商务专业教材）（中等职业学校电子商务专业教材）. -- ISBN 978-7-5167-6844-0

Ⅰ. F713.365.1

中国国家版本馆 CIP 数据核字第 2025EJ0738 号

网店运营实务

WANGDIAN YUNYING SHIWU

中国劳动社会保障出版社出版发行

（北京市惠新东街 1 号　邮政编码：100029）

*

河北宝昌佳彩印刷有限公司印刷装订　　新华书店经销

787 毫米 ×1092 毫米　16 开本　9.5 印张　176 千字

2025 年 6 月第 1 版　　2025 年 6 月第 1 次印刷

定价：23.00 元

营销中心电话：400-606-6496

出版社网址：https://www.class.com.cn

https://jg.class.com.cn

前言

目前，电子商务已成为国家产业结构优化升级、转变区域经济发展方式的战略重点，企业对电子商务专业人才的需求日益旺盛。为了培养更加符合电子商务技术领域和职业岗位（群）任职要求的中等技术应用型人才，我们组建了一支由多所中等职业学校电子商务专业带头人、专职教师及企业专家组成的编写团队，开发了这套电子商务专业教材。教材主要具有以下几点特色。

第一，满足中等职业学校教学所需。结合国家职业标准、企业需求及教学实际，构建了一个涵盖电子商务、跨境电子商务、移动商务、网络营销与直播电商的完整教材体系，包括《电子商务基础》《电子商务法律法规》等专业基础课教材，《电子商务网页设计》《电子商务数据采集与处理》《短视频制作》等技术与服务类专业核心课教材，《网店运营实务》《跨境电子商务运营实务》《电商直播》《网店推广》等运营与推广类专业核心课教材，《电子商务会计》《电子商务物流》《电子商务文案写作》等专业拓展课教材及配套习题册等，体系完整，覆盖面广，能够满足中等职业学校教学所需。

第二，契合企业岗位任职要求。中职电子商务专业毕业生主要面向网商、跨境电商和服务电商企业，使用计算机、网络、通

信等现代信息技术从事商务活动。因此，教材紧跟企业岗位任职要求，以从零起点培养学生的职业能力为原则，根据国家职业标准中的技能要求和相关知识要求设计教材内容，突出企业需求，彰显中职电子商务教材特色。

第三，符合学生认知规律。教材以中等职业学校教学模式为指引，采用“项目—学习任务”式编写形式，通过丰富的案例分析、知识拓展和课堂思考，激发学生的学习兴趣，让学生在实践中学习，在任务中成长。另外，教材的设计也充分考虑了学生的认知规律，尽可能多地以图表代替大段冗长的文字叙述，降低学习难度；采用双色或四色印刷，以提高教材的表现力。

第四，教学资源配套丰富。我们遵循有效性原则，根据教材内容和教学实际，开发相对应的微课、视频、图片资源库等数字化配套产品，以便于教师拓展教学和学生自主学习。电子课件及习题册答案可登录技工教育网（https://jg.class.com.cn）查询下载，数字化配套产品扫描书中二维码即可在线观看或收听。

本套教材的编写工作得到了有关学校的大力支持，教材的编审人员做了大量的工作，在此，我们表示衷心的感谢！同时，恳切希望广大读者对教材提出宝贵的意见和建议。

目 录

项目一 网上开店

项目二 网店商品发布与维护

项目三 网店装修 *

项目四　网店管理

项目五　网店数据收集与整理

项目六　网店促销活动管理

项目一
网上开店

网上开店就是在互联网上建立一个在线销售渠道，通过电子商务平台展示和销售商品。在开店前，商家需要明确店铺的定位和目标消费者群体，并根据网店的定位选择适宜的网上开店平台，做好准备工作。同时，了解平台的开店规则，完成网店注册等，也是网店开设必不可少的环节。这些基础工作的细致完成，将确保开店顺畅，并为店铺未来的运营打下坚实的基础。

任务 1　网店定位

学习目标

- 知识目标
  1. 了解网店定位的原则
  2. 掌握网店定位的步骤
- 技能目标
  1. 能对比不同的网络平台，结合自身条件，选择合适的开店平台
  2. 能通过百度指数寻找合适的商品

相关知识

网上开店是指在互联网上创建一个虚拟的店铺，通过电子商务平台或自建网站等方式，向消费者提供商品或服务，并完成交易的过程。这种商业模式使商家跨越了地

理限制，可以接触到更广泛的消费群体，同时为消费者提供便捷的购物体验。随着互联网技术的发展和普及，电子商务活动已经成为现代商业的重要组成部分。

网上开店是一个系统化的过程，涉及多个关键环节和步骤。要顺利完成网上开店，并使网店经营实现良好的盈利，在开设网店前，商家需要根据市场竞争情况和消费者购买力分析，进行精准的定位。

一、网店定位及其步骤

网店定位是指明确网店应重点针对哪一类消费群体来销售商品，也就是要解决“商品卖给谁”的问题。网店定位的关键是明确经营对象范围。网店定位越精准，其经营特色就越突出，越容易获得消费者的认可。

网店定位分为前期调研、网店定位分析、寻找货源、比较同类网店、确定网店定位五个步骤，如图 1–1–1 所示。

图 1–1–1　网店定位步骤

1. 前期调研

前期调研是指在开店前期收集各方面的信息，了解目标市场的需求、趋势和竞争状况，分析潜在顾客的消费习惯和偏好，研究同类网店的经营模式、产品特点、价格策略、营销手段等，为网店定位提供依据。

2. 网店定位分析

商家应根据前期调研信息，结合自身店铺的情况，对网店的商品、价格及目标人群进行定位分析。

3. 寻找货源

商家应通过各种途径寻找货源，比较不同供应商的产品质量、价格、物流成本、供货稳定性等，确保货源与店铺定位和市场需求相匹配，找到适合本店铺的货源，确定稳定可靠的供货渠道。

4. 比较同类网店

商家应分析同类网店，学习网店经营的成功经验，了解其优势所在，为自身店铺的定位提供借鉴。通过对比，寻找市场上未被充分满足的需求，为网店找到差异化竞争优势，避免同质竞争。

5. 确定网店定位

商家应综合考虑各方面的因素，明确自身店铺的核心竞争力，从而制定具体的定位策略，并将定位策略贯穿于商品策划、营销推广、客户服务等方面，确保网店运营与定位相一致。例如，商家有物美价廉的进货渠道（折扣优势），经营的商品知名度高（名牌优势），消费者对该商品的购买意向明确（买家优势），而竞争者普遍交易有限（竞争对手对比优势），在这种情况下，商家便可以将自己的网店定位为品牌折扣店。

二、网店定位的原则

1. 目标性原则

市场日益细分，为商家提供了众多的市场机会。在营销活动中，商家到底要利用哪些机会，满足哪部分消费者群体的需求，以及选择哪个目标市场，这些决策都直接关系到店铺运营的成败。因此，目标性原则是网店定位时必须首要考虑的问题，也是网店定位的核心内容。

2. 盈利性原则

商家确立定位的最终目的是吸引消费者，增加销售额，提升网店经济效益和社会效益。因此，网店定位必须充分考虑其所能带来的效益，尤其是运营利润。这就需要将定位策略与经济效益和社会效益紧密结合，尽量选择成本较低、费用较少、环节简化、销量较大、利润较高的定位策略，以节约成本、创造收益，提升营销活动的效果。

3. 可行性原则

在复杂多变的市场环境中，商家面临的外部环境和内部运营要素千差万别，尤其是市场营销中存在着一些不可控因素，因此，商家必须本着务实的态度，从自身实际情况出发，确定既具有自身特色又能发挥自身优势的定位。

三、网上开店的主要平台

1. 淘宝网

淘宝网（www.taobao.com）是全球领先的网络零售平台，由阿里巴巴集团于2003年5月创立，在我国拥有近5亿的注册用户，每天的固定访客量超过6 000万人。同时，平台上的在线商品数量已突破8亿件，平均每分钟有高达4.8万件商品成交。随着淘宝网规模的不断扩大和用户数量的不断增长，淘宝网已从最初单一的C2C（Consumer to Consumer，个人对个人零售）网络集市发展为集C2C、团购、分销、拍卖等多种电子商务模式于一体的综合性零售商圈，并稳居全球电子商务交易平台的前列。淘宝网首页如图 1–1–2 所示。

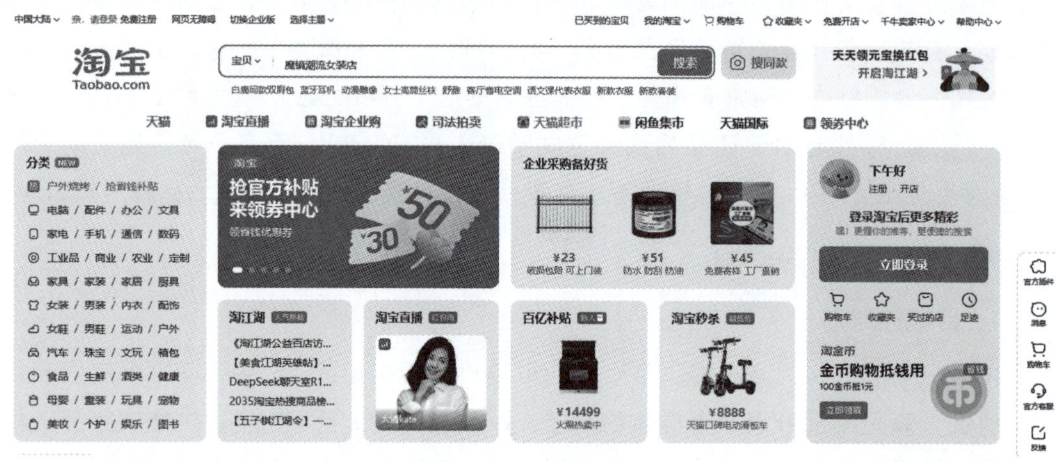

图 1–1–2　淘宝网首页

2. 天猫

天猫（www.tmall.com）是淘宝网旗下的一个子站，原名为淘宝商城，是一个综合性购物网站。2012 年 1 月 11 日，淘宝商城正式更名为“天猫”，并在当年 11 月 11 日创造了销售传奇，仅用 13 个小时销售额就突破 100 亿元人民币，刷新了世界纪录。天猫是阿里巴巴集团全力打造的 B2C（Business to Consumer，企业对个人零售）平台，汇聚了数千家品牌商和生产商，为买卖双方提供了一站式解决方案。平台承诺 100% 品质保证，提供 7 天无理由退货服务及购物积分返现等贴心服务。2014 年 2 月 19 日，阿里巴巴集团宣布天猫国际正式上线，实现为国内消费者直供海外原装进口商品。

在天猫开店需要满足一定的门槛和要求，商家需具备良好的信誉和实力。由于天猫定位的商品与服务更高端、更注重产品品质，因此吸引了更多追求高质量消费体验的顾客。天猫首页如图 1–1–3 所示。

3. 京东

京东（www.jd.com）是全球领先的综合性网络零售商，是电子商务领域内深受消费者喜爱且具有显著影响力的平台之一。京东在线提供家用电器、数码通信、计算机、家居百货、服装服饰、母婴、图书、食品、在线旅游等 12 大类商品，涵盖数万个品牌、百万种优质商品。2023 年，京东全年营业收入达到 1.08 万亿元，同比增长 3.7%。京东依托其全供应链优势，继续扩大在电子商务市场的领导地位，建立了华北、华东、华南、西南、华中、东北六大物流中心，并在 360 多个城市设立了核心城

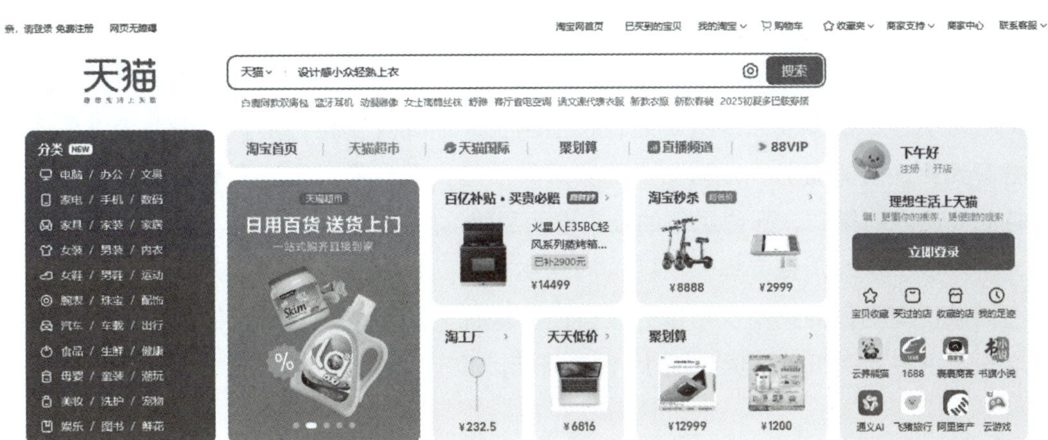

图 1-1-3 天猫首页

市配送站点。

商家如果想在京东开设店铺，需先注册京东账号，并按照平台规定填写相关资料。京东拥有广泛的消费群体，能够满足不同消费者的多样化需求。京东首页如图 1-1-4 所示。

图 1-1-4 京东首页

4. 拼多多

拼多多成立于 2015 年 9 月，目前已成为我国移动互联网领域的主流电子商务应用平台。拼多多用户通过联合朋友、家人、邻居等发起拼团，能够以更优惠的价格共同购买商品。2023 年，拼多多的年成交额达到 2 476 亿元人民币。

作为一家专注于 C2M（Customer to Manufacturer，用户直连生产者）的第三方社交电商平台，拼多多的宗旨是通过拼团购物，形成规模化订单，让消费者以更低的价格享受更优质的商品，体验更多的实惠和乐趣。平台通过沟通和分享，形成了一种独特的社交电商模式，开创了新的社交电商思维。

拼多多不仅为消费者提供了团购的购物方式，也为商家开辟了开店机会。平台主要面向低价商品，商家不仅可以开设自己的店铺，还可以参与拼单销售模式，实现销售增长。拼多多手机端首页如图 1-1-5 所示。

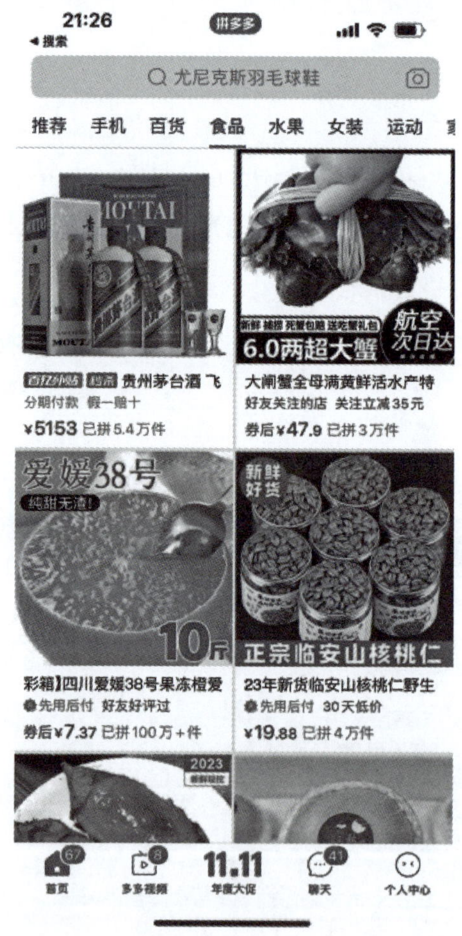

图 1-1-5　拼多多手机端首页

5. 抖店

抖店，即抖音小店，是抖音平台推出的一站式商家经营服务平台，旨在为商家提供商品交易、店铺管理、售前与售后服务履约，以及与第三方服务市场合作的全链路商业经营服务。抖音商城手机端首页如图 1-1-6 所示。

图 1-1-6　抖音商城手机端首页

抖音平台支持多种类型的店铺，包括普通店、专营店、专卖店和旗舰店。普通店适合无商标的商家，而专营店、专卖店和旗舰店则要求店铺内至少有一个类目拥有两个及以上品牌，或者经营一个授权品牌，也可以经营多个自有品牌或一个一级独占授权品牌。

入驻抖店的商家需提供一些必要的资质证明文件，如营业执照、法定代表人或经营者的身份证、银行账户信息，以及店铺 Logo（对于普通店，Logo 可以自动生成）。此外，商家还可以选择提供品牌资质、行业资质等可选材料。

抖店支持商家通过多种渠道进行商品分享，包括抖音、今日头条、西瓜视频和抖音火山版等。商家可以通过自主直播持续经营，也可以加入精选联盟，邀请平台达人帮助带货。抖店还提供开放式服务，通过与第三方服务市场合作，助力商家在商品管理、订单处理、营销推广、客户服务等方面提升经营效率。

对于本地门店类商家，抖店特别推出了区域化营销工具，支持在本地 POI（Point of Interest，兴趣点）、本地加热及地域资源位展现等功能[①]，助力品牌打造地域化商业活动。

四、商品定位

商品定位是吸引流量的基础，它确定店铺将针对哪一类消费群体销售哪些商品。只有明确了店铺的消费市场和目标消费人群，才能对商品进行精准定位。也就是说，商品定位是对市场和消费人群进行规划，选择能够适应市场的商品，并规划相应的运营流程，以获得更精准的流量。

1. 商品定位的方法

（1）商品特色化

商品特色化是商品定位的一个重要策略，其目的是使商品在激烈的市场竞争中脱颖而出，吸引并留住目标消费者。在不同的消费场景下，消费者倾向于选择具有独特性的商品，如个性化礼品、限量版商品、品牌商品等，这些商品能够满足消费者对于个性化、差异化的需求。通过商品特色化，商家可以更精准地锁定目标市场，进而在特定的消费群体中建立品牌形象和忠诚度。如果商家不能对市场和商品进行准确定位，即使是经营服装这样热门的类目，新手卖家也难以在众多竞争者中脱颖而出。总之，商品特色化不仅能够帮助商家避免陷入同质化竞争，还能提升商品的附加价值，激发消费者的购买意愿，从而在市场上占据一席之地。

（2）确定好价位

商品定价是商品定位的关键环节，直接影响商品的市场接受度和消费者的购买决策。合理的定价需考虑市场行情、成本、质量、利润以及价格区间等多个因素。定价的过程实际上也是对目标消费群体进行细分和定位的过程。商品的价格区间不仅反映了商品的价值，也细分了潜在的消费群体。例如，在淘宝网搜索运动鞋时，会出现不同价格区间的商品，每个价格区间都有其特定的消费者占比，如图 1–1–7 所示。通过精准定价，商家可以更有效地吸引那些愿意为特定价格区间商品付费的消费者，从而提高商品的转化率和市场份额。因此，合理定价不仅能够帮助商家筛选出目标消费者，还能通过价格策略影响消费者的购买决策，增强商品的竞争力。

---

① 本地 POI、本地加热及地域资源位展现等功能，是指在数字营销和本地化营销策略中，利用地理信息和本地资源，打造具有地域特色的商业活动。

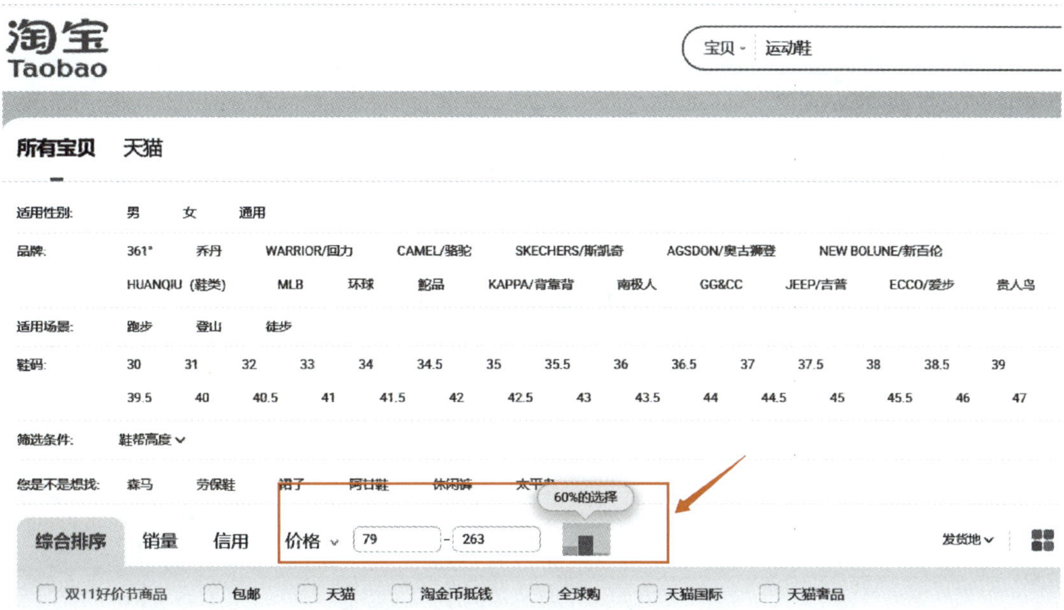

图 1-1-7　价格区间

（3）品类多样化

在商品定位中，实现品类多样化不仅是满足消费者群体多样化需求的关键，而且是提升店铺吸引力和竞争力的手段。店铺服务的对象不同，他们对商品的款式、颜色、规格、功能等有着不同的要求。因此，商家需要精准描述目标消费群体的特征，并根据这些特征提供相应的商品。品类多样化的优势体现在以下几个方面：首先，丰富的品类能够满足消费者的个性化需求，提升购物体验。消费者通常希望在一个店铺内能够找到多样化的商品，以便一次性满足多个购物需求，提高购物效率。其次，品类多样化可以增加消费者的选择范围，提高成交概率。如果店铺内商品品种单一，消费者可能会因选择有限而放弃购买。相反，如果店铺能够提供多种款式的商品，消费者更有可能找到满意的产品，从而提高转化率。再次，多样化的品类有助于塑造店铺的形象，提升品牌认知度。例如，一家销售个性化礼品的店铺，如果能够提供适合不同人群的礼品，就能展现其服务的广泛性和专业性，从而吸引更多类型的消费者。最后，品类多样化还可促进消费者的复购率。当消费者知道某个店铺能够提供他们所需的多种商品时，他们更倾向于成为回头客，从而为店铺带来稳定的客流和收入。

2. 货源渠道

货源渠道主要有一件代发、线上批发市场、线下批发市场、厂家直销和分销平台等形式，商家可以根据自己的需求和商品定位来选择合适的渠道。

（1）一件代发

一件代发是一种适合新手卖家的货源渠道。商家无须提前进货即可在网店销售商品。当消费者下单后，商家再联系代理商或供应商发货。这种方式的优点是商家不需要承担库存和物流风险，缺点是利润相对较低。

（2）线上批发市场

阿里巴巴 1688 网站就是典型的线上批发市场。图 1-1-8 所示是阿里巴巴 1688 网站首页。线上批发市场提供了丰富的货源信息，商家可以在这些平台上筛选各种类型的商品。这种方式的优点是方便快捷，缺点是需要一定的网购经验和商品辨别能力。

图 1-1-8　阿里巴巴 1688 网站首页

（3）线下批发市场

商家可以去当地批发市场或者大型商贸城挑选商品，直接考察商品的质量。但这一过程需要投入较多的人力和精力。

（4）厂家直销

商家可以直接联系生产商或制造商，直接采购商品。采用这种方式价格相对较低，因为减少了中间商和经销商环节，但可能需要较大的订单量，占用资金量大。

（5）分销平台

分销平台上汇集了众多品牌厂商或经销商，商家可以选择合适的品牌进行代理或分销。这种方式的优点是货源稳定，有一定的质量保证，但通常需要支付代理费用。

五、网店消费群体定位

网店消费群体定位是指商家根据商品特性设计的消费方向。只有明确了店铺的消费群体，运营才会有明确的目标。消费群体定位主要考虑消费者的年龄、性别、喜好、地域等因素。

1. 定位消费者的基本属性

消费者的基本属性包括消费者的年龄、性别、喜好、地域等。例如登录淘宝网，搜索同款商品，选择销量高的商品，查看其评价。通过消费者的头像和评价内容信息，可以总结出该商品对应的消费群体的基本属性。

2. 定位网店消费者的消费水平

观察竞品中销量高的商品价格区间，能反映出目标消费群体的消费水平。以华为充电器为例，搜索关键词，单击筛选，可以看到该商品在平台的价格区间，从而判断目标消费者的消费水平。

3. 确定目标消费者的消费高峰期

通过搜索推广的分时折扣计划测试目标消费者的消费高峰期。例如，将一个商品在 8：00—23：00 的分时折扣全部调整为 100%，保持正常出价，分析整个市场的点击量。在出价和分时折扣不变的情况下，点击量能够反映消费者的消费高峰时段。

一、在网络上查找淘宝网、天猫、京东、拼多多等电子商务平台，比较这些平台的优缺点。如果想在网上开设一家儿童服装店，应选择哪个平台，并说明理由，填写在表 1–1–1 中。

表 1–1–1 开店平台比较及选择

项目		优点	缺点
网上开店平台	淘宝网		
	天猫		
	京东		
	拼多多		
选择开店平台的理由			

二、百度指数是百度推出的数据化分析平台。它基于海量用户搜索行为，可以提供关键词热度趋势、关联需求图谱及人群属性画像，实时反映公众关注焦点与市场动向。下面以葡萄为例，查阅百度指数热销商品数据，在教师指导下分析畅销的商品类目。图 1–1–9 显示了葡萄需求图谱，图 1–1–10 显示了葡萄商品热度词。结合以上分析，要寻找合适的有竞争力的商品，应综合考虑哪些因素？

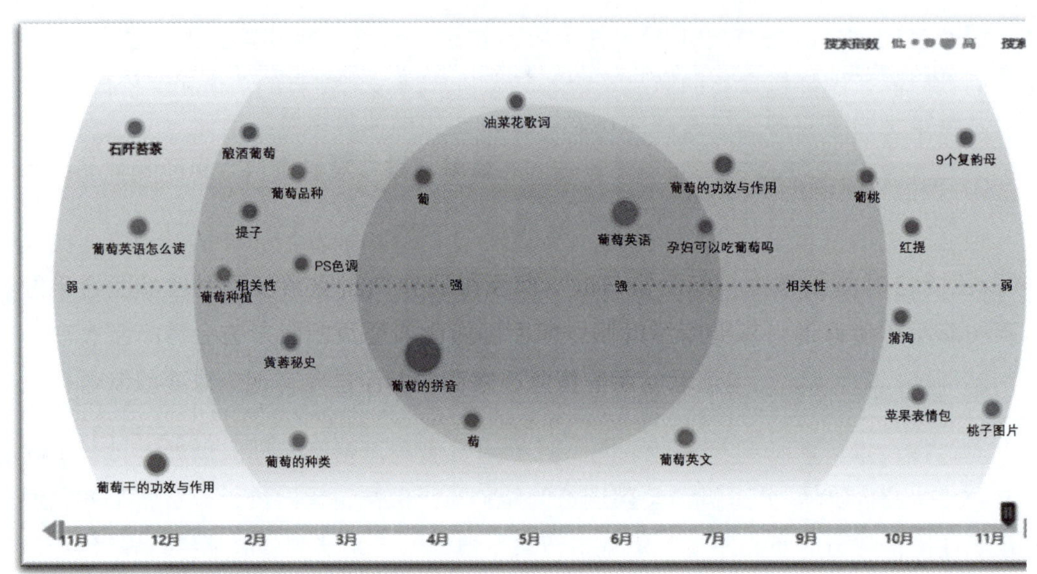

图 1–1–9　葡萄需求图谱

相关词热度

相关词	搜索热度
1. 香蕉	
2. 蓝莓	
3. 草莓	
4. 葡萄英语	
5. 葡萄的功效与作用	
6. 葡萄的拼音	
7. 葡萄是热性还是凉性	
8. 提子	
9. 葡萄拼音	
10. 葡萄品种	

图 1–1–10　葡萄商品热度词

三、网店货源渠道多种多样，分析表 1–1–2 所示不同货源渠道的优缺点。如果想在网上开设儿童服装店，新手卖家应如何选择货源渠道，将理由填写在表 1–1–2 中。

表 1–1–2　货源渠道比较及选择

项目		优点	缺点
货源渠道	阿里巴巴 1688		
	线下批发市场		
	厂家直销		
选择货源渠道的理由			

1. 网店定位的步骤是什么？
2. 网店货源渠道有哪些？各有哪些优缺点？

任务 2　网店开设

学习目标

知识目标

1. 了解网店注册条件及流程
2. 掌握电商平台对网店开设的规则

技能目标

1. 能根据网店注册的流程，完成网上开店
2. 能正确设置网店的基本信息

相关知识

网店注册是网上开店的首要环节，只有注册了店铺才能进行商品发布、维护和网店装修等工作。本任务将以淘宝网为例，重点介绍开店规则、店铺保证金、网店注册条件和流程等，并按照开店流程完成网店注册。

一、电商平台规则

电商平台规则旨在规范平台内商家的行为，确保商家提供的商品信息真实、准确、完整和合法，禁止虚假宣传、夸大其词或发布与实物不符的图片。同时，规则也明确了交易流程、支付方式、物流配送和退换货政策等，保护消费者权益，确保交易的公平、公正和公开。

1. 电商平台规则的特点

（1）规范性和约束性

电商平台规则是一套明确的行为准则，对买卖双方都具有规范性和约束性。它要求商家按照平台规定进行商品信息发布、交易处理和售后服务，同时要求消费者遵守交易规则，禁止恶意行为。

（2）保护消费者权益

电商平台规则非常重视对消费者权益的保护。例如，很多平台都规定了退换货政策、消费者权益保障金等，以确保消费者正当权益得到保障，获得满意的购物体验。

（3）维护公平竞争

电商平台规则旨在维护一个公平、公正的竞争环境，禁止商家进行虚假宣传、价格欺诈等不正当竞争行为，鼓励商家提供优质的商品和服务，以赢得消费者的信任和支持。

（4）适应性和灵活性

随着电子商务的快速发展和市场变化，电商平台规则需要具备适应性和灵活性，并能适时进行调整和优化，确保平台的持续健康发展。

（5）全球化和跨地域性

电商平台具有全球化和跨地域性。这意味着平台规则同样需要考虑不同国家和地区的法律法规、文化习俗，确保电商平台在全球范围内合规运营，并具有良好的用户体验。

2. 开店规则查看

以淘宝网为例，打开淘宝网首页，拖动右侧滚动条至页面的底部，可以查看“规则与协议”下的淘宝规则，如图 1-2-1 所示。

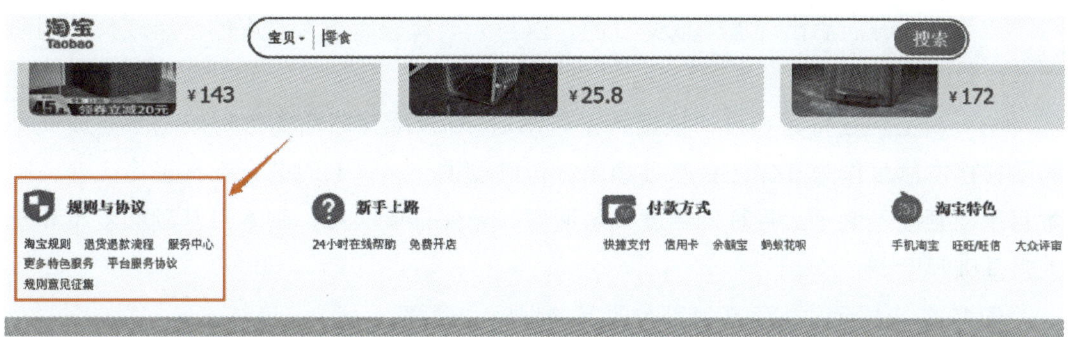

图 1-2-1 “规则与协议”

在淘宝平台规则页面，单击“规则辞典”，在左侧导航栏“店铺管理”下，单击“开店退店”选项，即可查看淘宝网开店规范，如图 1-2-2 所示。

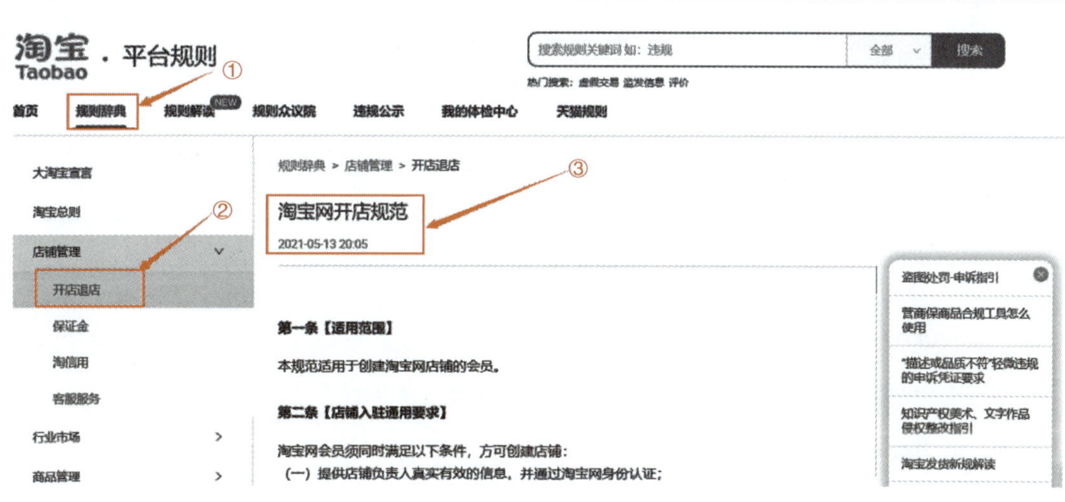

图 1-2-2 开店规范查看

二、店铺保证金

1. 保证金的定义

保证金是指商家缴存的用以保证其商品和服务质量，担保对消费者保障服务承诺以及淘宝网相关协议、规则的履行和遵守的资金。

2. 保证金的缴纳额度

保证金的缴纳额度根据不同的电商平台、店铺类型、经营类目以及店铺等级而有所不同。以淘宝网为例，保证金缴纳额度为：

（1）商家开店后无成交的，基础额度为 0，暂无须缴存保证金基础额度。

（2）商家开店后出现首个成交日的，以当天成交较高类目对应的全店成交不同阶梯档位额度作为其保证金基础额度。

（3）淘宝网在每月6日，根据商家店铺近30天成交较高类目对应的全店成交不同阶梯档位额度作为其保证金基础额度进行额度调整。调额时若存在保证金欠费，则本月基础额度不低于上月基础额度；若调额时无保证金欠费，则本月基础额度不高于上月基础额度。

表1-2-1所示为淘宝店铺部分类目的保证金额度。

表1-2-1　淘宝店铺部分类目的保证金额度

一级类目名称	近30天成交额 N（元）	保证金额度（元）
女装/女士精品	N<100 000	1 000
	100 000≤N≤5 000 000	5 000
	N>5 000 000	10 000
男装	N<100 000	1 000
	100 000≤N≤5 000 000	5 000
	N>100 000	10 000
女士内衣/男士内衣/家居服	N<100 000	500
	100 000≤N≤5 000 000	2 000
	N>5 000 000	5 000

三、网店注册条件及流程

下面以在淘宝网开店为例，介绍网店注册条件及流程。

1. 网店注册条件

（1）个人店铺注册人必须年满16周岁。

（2）具有合格的身份证和银行账户。为确保经营的安全性，网店需要对商家进行实名认证。因此，需要验证商家的身份证和银行账户。

（3）配备智能手机和计算机。网店注册中有很多的认证需要在手机上完成，所以，必须配备一部智能手机。另外，开设成功的网店前期需要对店铺进行装修、上架宝贝等，这些都需要用计算机进行操作。

（4）准备一个常用手机号码。在网店注册时需要填写手机号码，注册成功后，建议保持该手机号不变。因为在网店运营过程中将有多项验证，如果更换手机号码，可能会带来不便。

2. 网店注册流程

（1）访问淘宝平台，注册淘宝账号和支付宝账号（已有账号可以直接登录）。

（2）进行支付宝实名认证。如果开设企业店铺，所关联的支付宝账户必须是经过企业认证的账户。

（3）单击“免费开店”选项。

（4）进行淘宝网身份认证，按实际情况选择开设“个人商家”或“企业商家”，并依据提示提供身份证正反面照片，完成手机淘宝认证、人脸识别等操作。

（5）审核通过后，即完成开店操作。

下面以个人商家身份为例进行开店注册，具体操作如下：

第一步，进入淘宝开店入口。

登录淘宝网，在淘宝网首页右上方单击“免费开店”选项，如图 1–2–3 所示；或手机淘宝搜索“开店”，进入淘宝开店入口，如图 1–2–4 所示。下面主要以 PC 端开店为例。

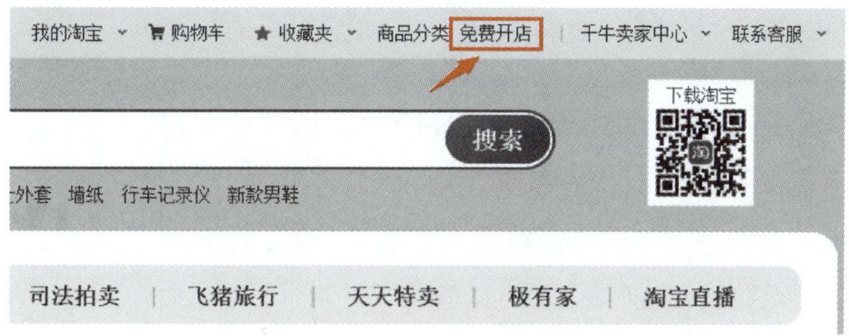

图 1–2–3　PC 端淘宝开店入口

图 1–2–4　移动端淘宝开店入口

第二步，选择开店身份。

淘宝网提供普通商家、达人商家和品牌商家等不同开店身份。注册人应根据自身条件，选择合适的开店身份，如图 1–2–5 所示。

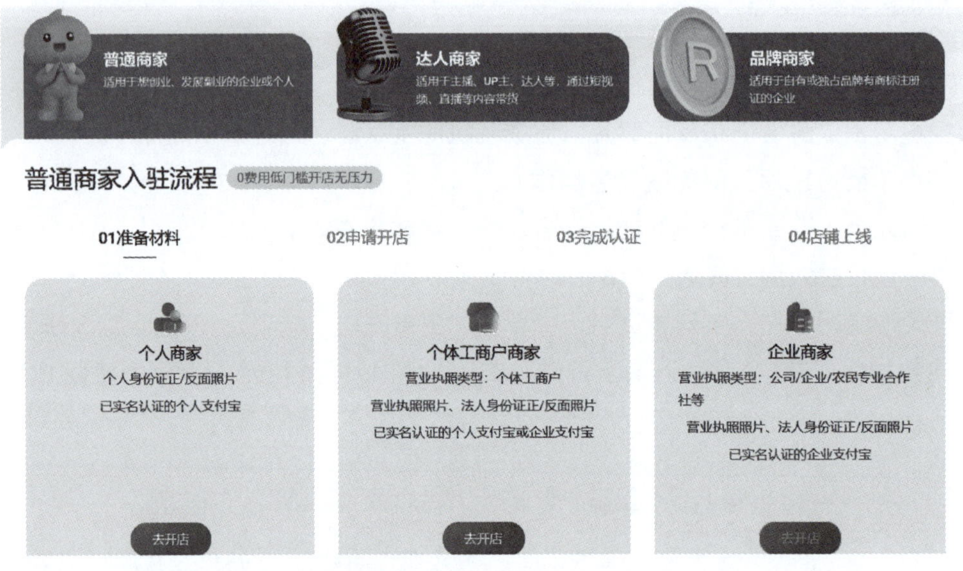

图 1–2–5　选择开店身份

第三步，选择店铺主体类型。

淘宝店铺普通商家主体类型包括个人商家、个体工商户商家和企业商家，不同店铺主体类型的适用范围和条件见表 1–2–2。

表 1–2–2　不同店铺主体类型的适用范围和条件

店铺主体类型	适用范围和条件
个人商家	适用于个人开店，需提供个人身份证、个人支付宝账户
个体工商户商家	营业执照类型为个体工商户，需提供营业执照、法人身份证正反面照片、个人或企业支付宝账户等资料
企业商家	营业执照类型为“×× 公司 / 企业 / 农民专业合作社”等，需提供营业执照、法人身份证正反面照片、企业支付宝账户等资料

一般来说，新手开店往往选择个人商家，如经营服装、箱包等类目的个人商家。个人商家不需要上传营业执照，这种方式相对来说比较灵活。而经营家具、机械设备等高客单价且对资质有要求的类目时，升级为淘宝企业店铺，不仅可以增加店铺权重和其他权益，还可以提升客户信任度。

这里选择“个人商家”店铺主体类型，单击“去开店”按钮，如图 1-2-6 所示。

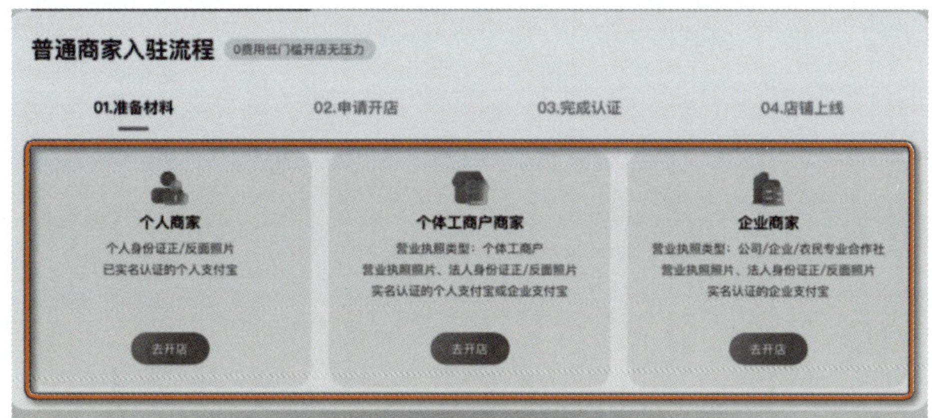

图 1-2-6　个人商家开店

在弹出的个人开店页面，登录淘宝账号；如果个人没有淘宝账号，在用手机验证码登录之后会自动生成淘宝账号。然后填写店铺名称（店铺名称以后也可以修改），勾选协议复选框，单击“0 元开店”按钮，如图 1-2-7 所示。

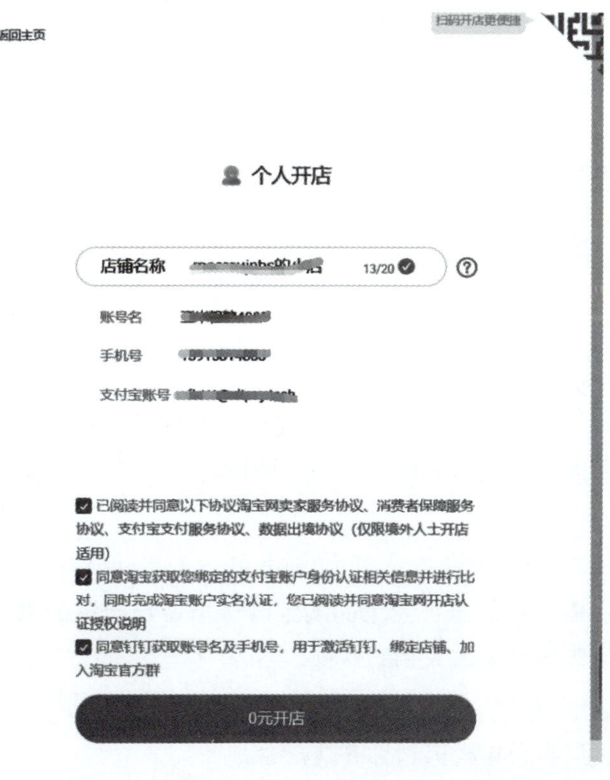

图 1-2-7　个人商家注册

第四步，支付宝认证。

在“开店认证”页面中，单击“去认证”或“去绑定”按钮，按照提示流程完成支付宝认证，如图 1-2-8 所示。

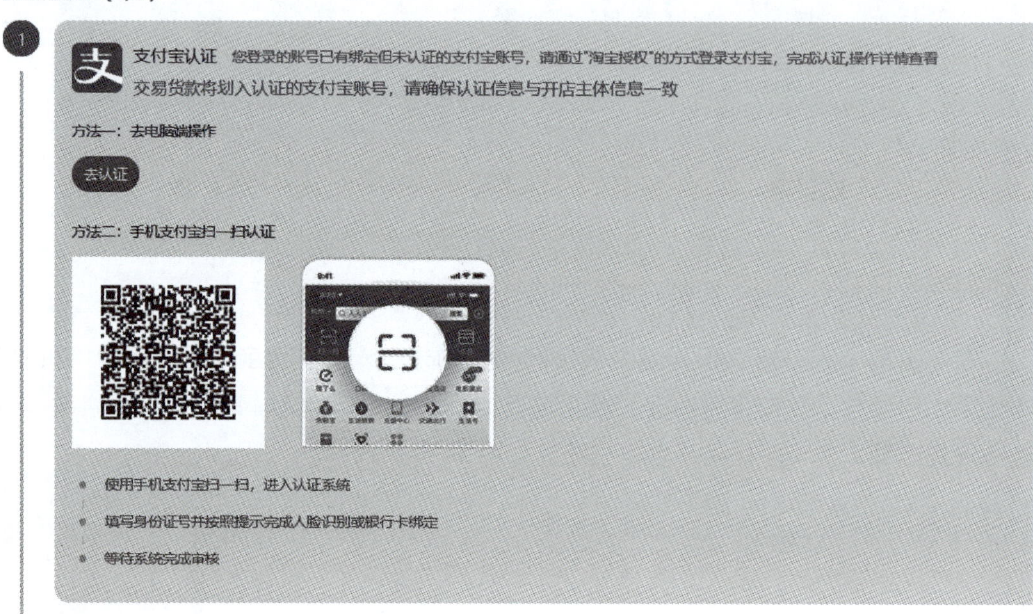

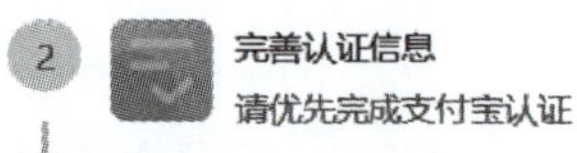

图 1-2-8 支付宝认证

第五步，登记主体信息。

个人商家需上传身份证正反面照片，登记个人证件号，填写经营地址、姓名、证件类型、证件号等信息，填写完毕后单击“确认提交”按钮，如图 1-2-9 所示。

第六步，实人认证。

扫码淘宝 / 千牛 App，进入人脸识别系统，根据操作提示完成实人认证，如图 1-2-10 所示。需注意的是：登录的淘宝账号需要与申请的淘宝账号保持一致，并且信息登记的证件需持有人本人刷脸认证。

第七步，开店审核。

提交认证后，经平台审核通过即开店成功。

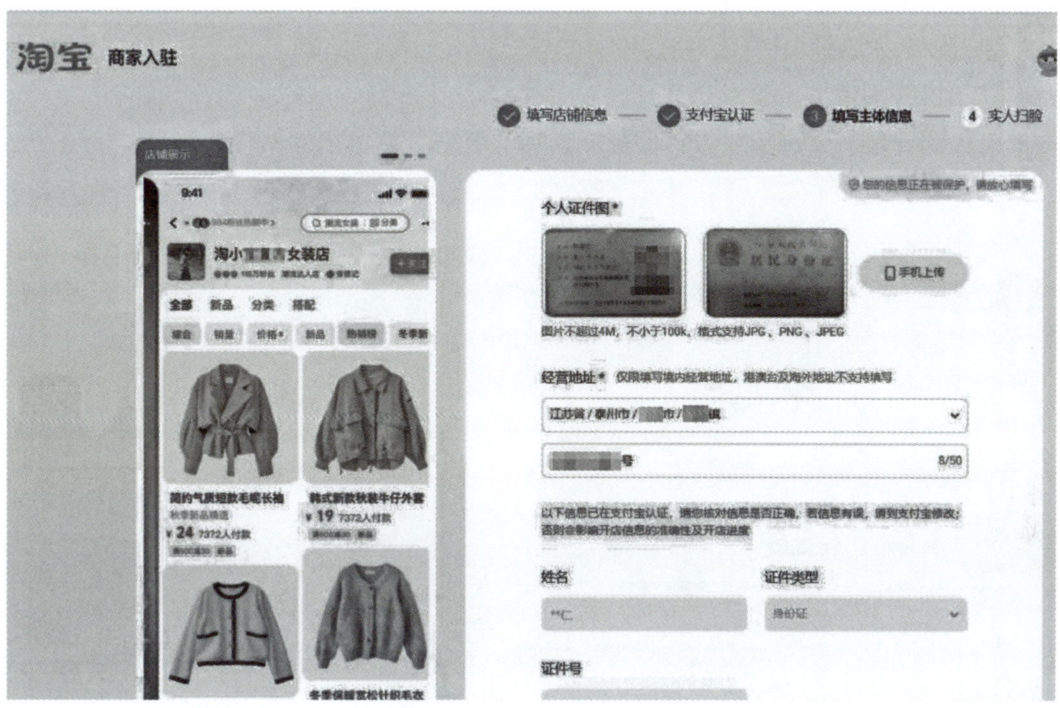

图 1-2-9　填写主体信息

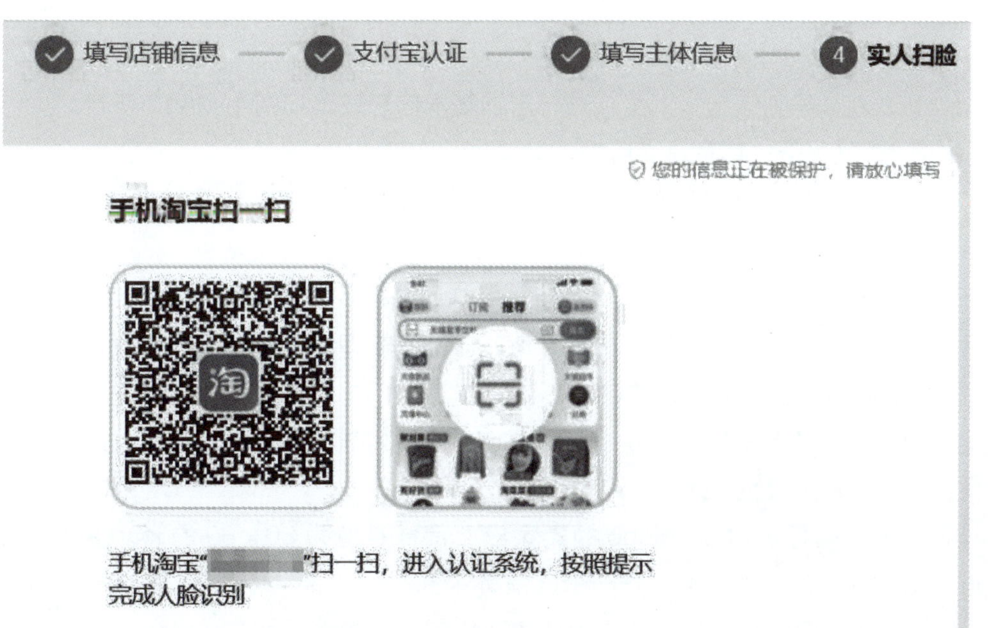

图 1-2-10　实人认证

四、网店基本信息设置

下面以个人店铺为例，介绍店铺基本信息设置的操作步骤。

（1）打开淘宝网，登录进入千牛卖家中心，在左侧导航栏中选择“店铺”选项，在其“店铺管理”中选择“店铺信息”选项，单击页面右侧的“修改信息”按钮，如图 1-2-11 所示。

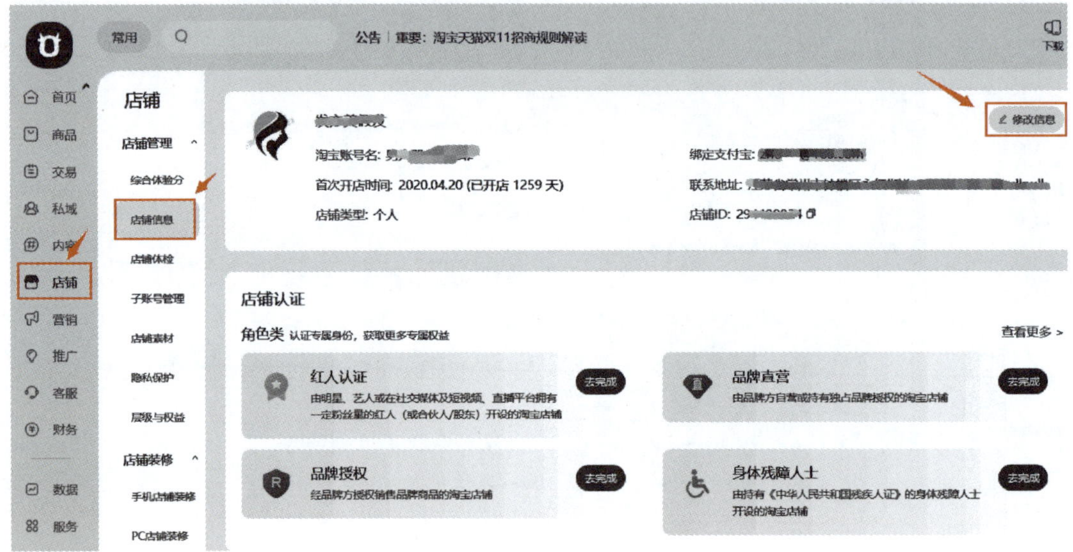

图 1-2-11　单击“修改信息”按钮

（2）进入“基础信息”页面，进行店铺基本信息设置如图 1-2-12 所示。

①标有“*”号的信息是必填项，需要进行完善。

②填写店铺名称时，应谨慎给店铺命名，合适的店铺名称将增加店铺被搜索的机会。建议店铺名称不要使用生僻字词。

店铺名称也不要经常改动。一旦店铺名称改动后，淘宝搜索系统会自动将新的店铺名称收录到搜索目录中，替换原有店铺名称，消费者再用修改前的店铺名称搜索时，会找不到该店铺，导致客户流失。

店铺名称不能与经营的商品类目发生冲突，比如店铺名称为“××服装店”，实际售卖的商品却是母婴类商品。

③上传店铺标志时，有 logo 的卖家应上传像素值为 80×80 的 logo 图标，没有 logo 的商家建议用美图秀秀制作一个店铺简称图。

④联系地址可以填写店铺所在地或主要供应商发货地。

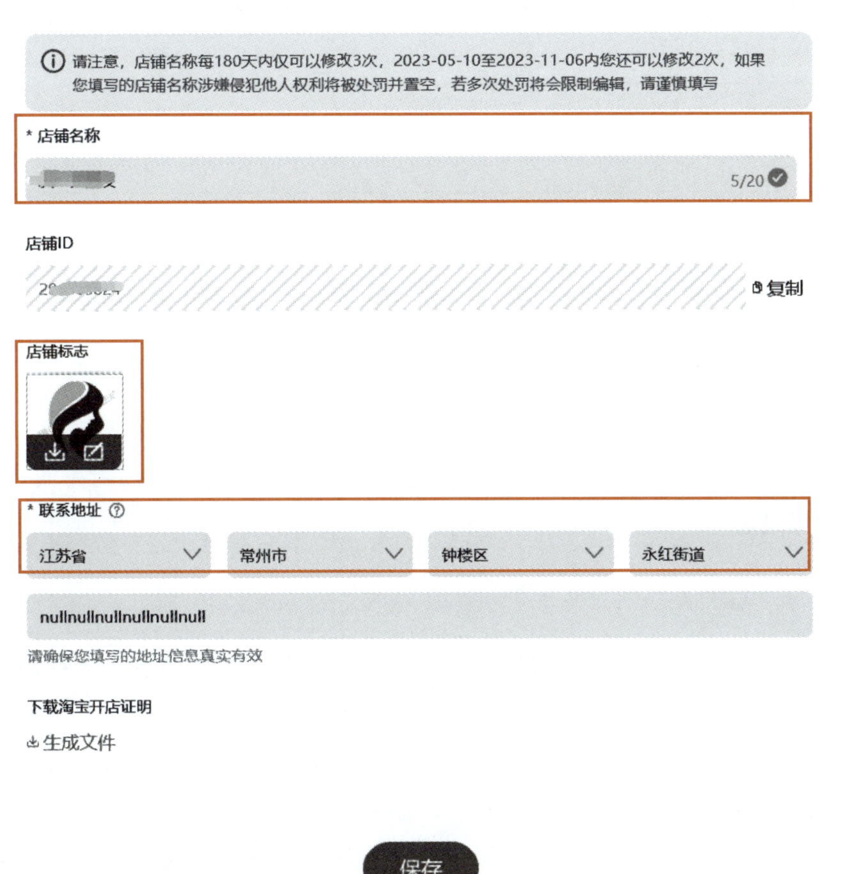

图 1-2-12　填写店铺基本信息

任务实施

选择淘宝开店平台，完成个人店铺的开设，并填写网店基础信息。

- 步骤 1　准备开店资料。
- 步骤 2　根据网店注册的流程，完成网店开设。
- 步骤 3　完成网店基础信息的填写，将个人店铺基本信息填写在表 1-2-3 中。

表 1-2-3 个人店铺基本信息登记表

任务项目	具体内容
淘宝账号	
网店链接	
店铺名称	
店铺 logo 截图	
联系地址	

拓展训练

如果在拼多多上开店，需要准备哪些资料或者设备才能确保顺利完成注册？并简述开店注册流程。

思考与练习

1. 如果在淘宝平台上经营食品类商品，店铺保证金需要缴纳多少？
2. 简述店铺保证金制度在平台经营中的作用。
3. 简述网店注册流程。
4. 填写网店基本信息时，店铺命名应注意哪些事项?

项目二
网店商品发布与维护

网店商品发布与维护，是指商家通过电商平台上架并发布各类商品，并对这些商品进行管理。网店运营人员领取商品资料后，需遵循平台规则，正确选择商品类目，在商品发布页面中设置标题、属性、价格等信息，完成商品的上架发布。在进入日常维护阶段，运营人员需对商品进行适时的管理与维护。

任务 1　网店商品发布

学习目标

- 知识目标
  1. 了解商品发布的规则
  2. 掌握商品发布流程
- 技能目标
  1. 能准备商品发布所需的素材
  2. 能发布“一口价”商品

相关知识

商品发布是指商家通过电商平台卖家中心上架出售商品，将商品信息发布到线上仓库或发布为出售状态，让潜在消费者能够浏览和购买的过程。

一、商品发布前的准备

在成功开设网上店铺并选定商品资源后，不要急于上架商品，应先进行周密的准备工作。比如，确定商品标题关键词、商品定价，以及整理商品详情页的文案等。同时，商品发布必须遵循平台制定的商品发布规范，以免在销售过程中出现不必要的困扰和麻烦。

1. 商品发布规则

商品发布是商家经营的起始阶段。如果商家不遵守商品发布的相关规则，可能会因滥发信息而违反平台规定，引发违规。为了维护平台秩序和促进健康发展，电商平台制定了一系列商品发布规则，要求商家在商品发布时要选择正确的类目，确保标题设置准确，与商品具有紧密的关联性；商品描述需符合商品本身的属性，运费模板设置正确；不滥用关键词，商品的属性修饰词与商品要相符。此外，商家应选择最优类目，避免重复铺货，并杜绝虚构尺码、颜色、商品数量等行为。下面以淘宝平台为例，介绍在商家发布商品时应严格遵守的《淘宝平台规则总则》中关于“信息发布”的基本原则和基本要求：

（1）商家应当对商品做出完整、一致、真实的描述。

1）完整性：为保证消费者更全面地了解商品，享有充分的知情权，商家应在发布商品时完整明示商品的主要信息，包括商品本身（基本属性、规格、保质期、瑕疵等）、品牌、外包装、发货情况、交易附带物等。

2）一致性：商品的描述信息在商品页面的各个板块中（如商品标题、主图、属性、详情描述等板块）应保证要素一致。

3）真实性：商家应根据所售商品的属性如实描述商品信息，并及时维护更新，确保商品信息的真实、准确、有效，不得夸大、虚假承诺商品效果及程度等。

（2）商家应保证其出售的商品在合理期限内可以正常使用，包括商品不存在危及人身财产安全的不合理危险，具备商品应当具备的使用性能，符合商品或其包装上注明采用的标准等。

（3）不得发布违反法律法规、协议或规则的商品信息。

1）不得使用代表党和国家形象的元素，或利用国家重大活动、重大纪念日和国家机关及其工作人员名义等，进行销售或宣传。

2）不得发布侵害平台及第三方合法权益（如商标权、著作权、专利权等）或易造成消费者混淆的商品或信息。

3）不得发布或推送含有易导致交易风险的第三方商品或信息，如发布社交、导购、团购、促销、购物平台等第三方网站或客户端的名称、logo、二维码、超链接、

联系账号等信息。

4）不得重复铺货，即同一商家不得在同一店铺中发布相同或非常相似的商品。

5）不得通过编辑变更商品类目、品牌、型号等关键属性使其成为另一款商品。

6）不得发布其他违反《淘宝平台违禁信息管理规则》《淘宝平台交互风险信息管理规则》《淘宝网市场管理与违规处理规范》等规则的商品或信息。

2. 商品发布素材准备

在网店上传商品前，首先要准备必要的素材。然后，根据流程逐步操作，以确保商品发布过程的高效快捷。

（1）图片的准备

由于网店商品的详情是以图文形式编排的，因此需提前准备好发布商品的图片，包括商品主图、详情页图片等关键素材。

（2）物流信息的准备

选择店铺商品的发货地，并明确运费是由消费者承担还是商家承担，同时需提前设定运费模板。

（3）经营许可资质的准备

对于特殊类目的商品，需预先申请经营许可资质，具体包括：二类医疗器械、音像制品、成人用品、宠物活体、图书、酒类制品、茶冲饮类、零食坚果特产类（食用农产品除外）及乳品。

3. 商品发布方式

商品发布包括一口价、拍卖、租赁三种方式，如图 2-1-1 所示。

图 2-1-1　商品发布方式

（1）一口价发布商品

一口价发布商品是指商家设定一个固定的价格来销售商品。

（2）拍卖发布商品

拍卖发布商品是指商家设定商品的起拍价和加价幅度，最终以出价最高者的消费者获得。

（3）租赁发布商品

电商平台提供了丰富的商品供消费者租赁。例如在淘宝租赁中，最受欢迎的租赁商品是手机，此外还包括婚纱、礼服、相机等。

二、商品发布流程

商品发布的流程比较简单，按照系统提示的步骤操作即可完成。基本步骤如图 2–1–2 所示。

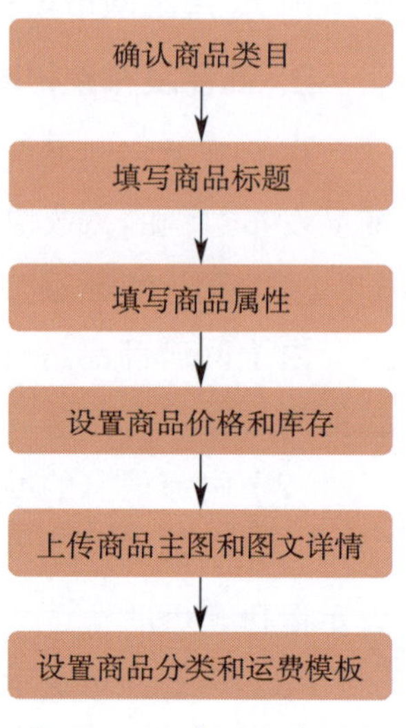

图 2–1–2　商品发布流程

1. 确认商品类目

商品类目是指商品的分类体系，它包括从最宽泛的一级类目到具体商品的二级、三级细分类目。准确选择类目有助于商品获得更精准的流量。有的商家为了获取更多流量，故意将商品错误归类，这种行为是不被允许的，会受到平台的处罚。因此，商家需在发布商品过程中避免类目选择错误。

以淘宝店铺为例，商品类目的选择方法有以下三种：

方法一：进入千牛卖家中心，在左侧导航栏中选择“商品管理”中的“发布商品”选项，在搜索发品的搜索框内，输入需要发布的商品关键词信息，然后进行类目搜索，如图 2–1–3 所示。

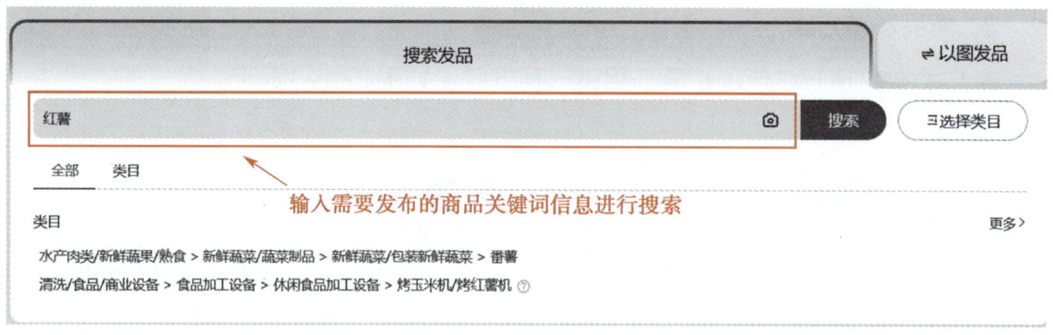

图 2–1–3　商品类目搜索

类目搜索结果显示匹配到 2 个类目，再根据商品实际信息，选择与商品一致的类目进行发布。

方法二：进入千牛卖家中心，在左侧导航栏中选择“商品管理”中的“发布商品”选项，在搜索发品中点击“搜索”按钮的右侧的“选择类目”按钮，逐级选择商品对应的类目，如图 2–1–4 所示。

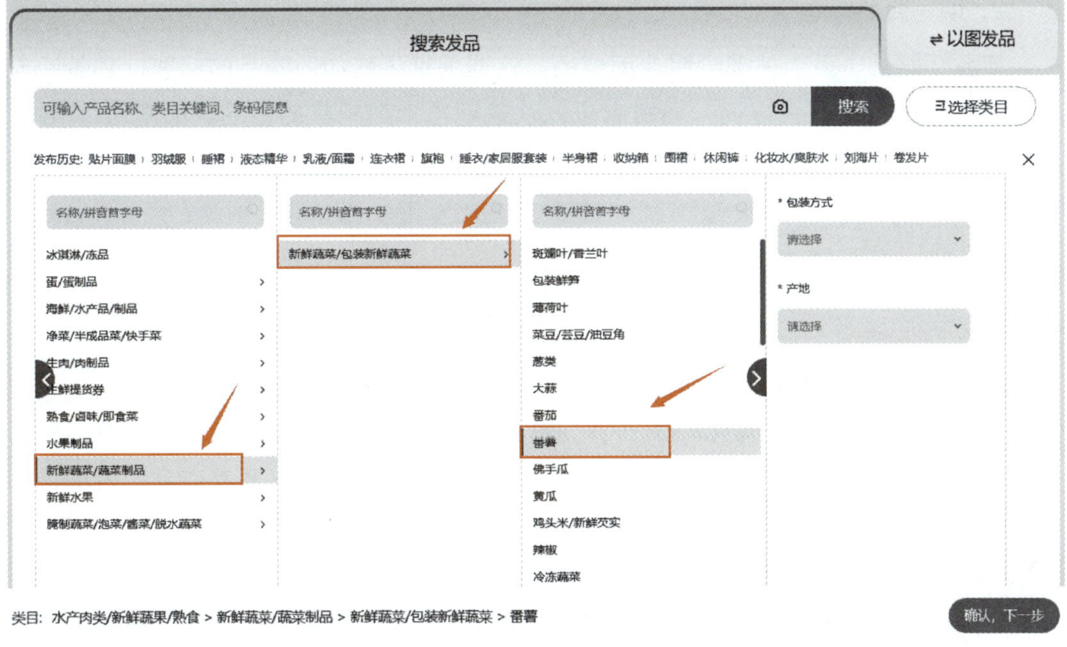

图 2-1-4 商品类目选择

方法三：进入千牛卖家中心，在左侧导航栏中选择“商品管理”中的“发布商品”选项，在以图发品中先从本地或图片空间上传商品图片，AI 智能系统会自动识别商品的类目、标题、属性等信息，无须手动输入。上传图片越多，识别越精准，如图 2-1-5 所示。

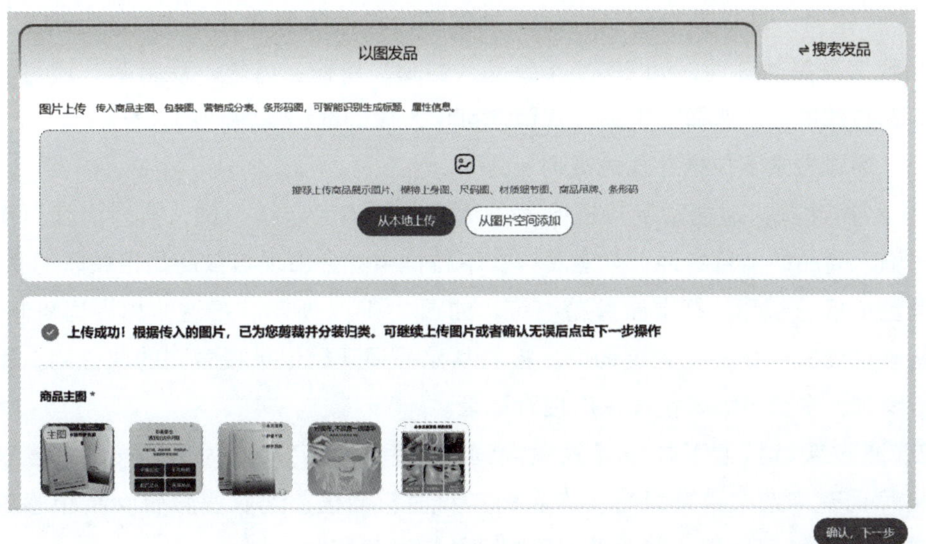

图 2-1-5 以图发品自动识别类目

2. 填写商品标题

商品标题是由多个关键词组合而成的，这些关键词就如同商品的标签，起着标识和分类的作用。利用关键词，消费者可以快速地检索到相应的商品。如图 2–1–6 所示，在宝贝标题文本框中设置商品的标题。

* 宝贝标题　最多允许输入30个汉字（60字符）　0/60

图 2–1–6　填写商品标题

（1）商品标题字数

商品标题字数必须控制在 30 个字（60 个字符）以内。在设置商品标题时，既不能超出这个字数范畴，又要充分利用字数，不能写得过少，务必涵盖商品的各项特点和属性，尽量用满 30 个字。

（2）商品标题关键词的分类

1）核心词：是指与商品紧密联系的，能准确表达商品的关键词。一般核心词字数较少，多为行业内的短词、热词和大词，如红薯、山芋、地瓜等。这些词搜索量大，竞争激烈。

2）属性词：描述商品参数、特征的关键词，如糖心、香甜、软糯、5 斤、9 斤、甜、西瓜红等，这些词通常包括商品的尺寸、材质、颜色、型号、风格等。

3）品牌词：即商品的品牌名称，如山东烟薯 25 号、福建六鳌等。网店在使用品牌词时，要避免不当使用他人品牌词，以免构成侵权。

4）营销词：是指具有营销性质的关键词，包括提供优惠信息、突出商品卖点、展现品牌信誉等关键词，如 2025 年新品、包邮、新鲜、当季、现货等。还可以根据用户心理与搜索习惯选择营销词。营销词可作为核心词和属性词的补充。

（3）通过搜索下拉框寻找关键词

1）利用计算机端搜索下拉框寻找关键词。以淘宝店铺为例，打开淘宝页面，在搜索栏输入商品的类目名词，如蜜薯，在下拉框中就会出现与该商品相关联的属性词，如蜜薯糖心红薯超甜、红薯蜜薯糖心等，如图 2–1–7 所示。把这些属性词复制下来，用表格软件建立一个商品关键词库。接着从核心词开始记录搜索到的属性词，然后通过核心词加一个或多个属性词依次搜索记录。

2）通过 App 搜索下拉框寻找关键词。以手机淘宝 App 为例，搜索“连衣裙”，默认推荐词有：连衣裙高级感、连衣裙布料面料高档、连衣裙腰带女高级感等，如图 2–1–8 所示，可以把这些关键词复制到关键词词库中。

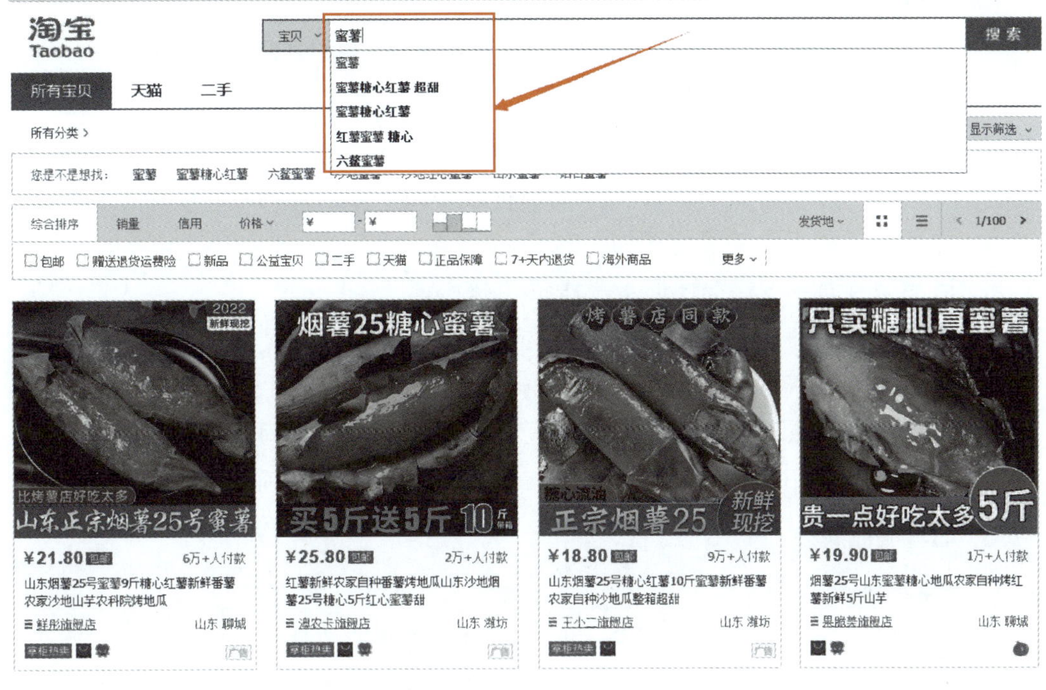

图 2-1-7　通过计算机端搜索下拉框寻找关键词

图 2-1-8　通过 App 搜索下拉框寻找关键词

（4）常见的标题组合方式

1）核心词 + 属性词 / 卖点 + 商品类目词 + 长尾词[①]/ 搜索下拉词

2）核心词 + 卖点 + 属性词 / 类目相关词 + 促销词 + 长尾词

3）核心词 + 多属性词（如型号、尺寸、材质等）+ 卖点 + 长尾词

4）营销词 + 卖点 + 主关键词 + 属性词 + 修饰词 + 副关键词 / 长尾词

5）地区词 + 卖点 + 功能描述词 + 核心词

6）商品型号词 + 规格描述词 + 品牌词 + 核心词

7）经销方式 + 商品型号词 + 规格描述词 + 品牌词 + 核心词

8）核心词 + 卖点 + 属性词 / 类目相关词 + 促销词 + 长尾词 + 搜索下拉词

9）营销词 + 卖点 + 主关键词 + 属性词 + 修饰词 + 副关键词 + 长尾词

10）地区词 / 季节词 / 品牌词 /+ 卖点 + 功能属性词 + 核心词

3. 填写商品属性

（1）商品属性

商品属性涵盖商品的型号、颜色、尺寸、价格等关键信息，这些属性对于商品描述至关重要。不同类目的商品在填写属性时，应根据各自类目的具体要求来选择相应的属性内容。

（2）商品属性填写技巧

在“商品属性”页面提供了多个选项，其中带“*”号的选项是商家必须填写项，如图 2-1-9 所示。没有带“*”号的选项为选填项，可根据实际情况选择填写。

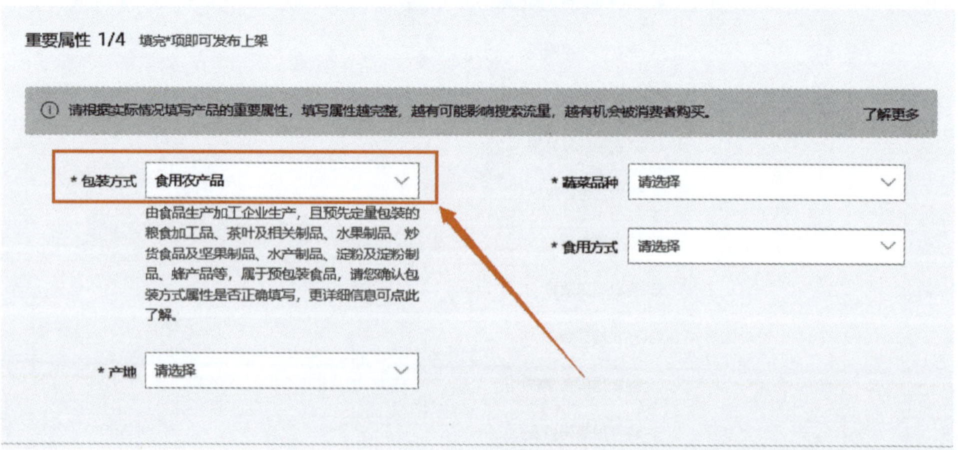

图 2-1-9　商品属性填写

① 长尾词是指搜索量相对较低、目标指向性强且转化率较高的关键词短语。

商品品牌是商品必填属性之一，如果在文本框下拉列表中没有发现自己的品牌名称，商家可以单击“添加品牌”按钮进行新增，具体操作如图 2-1-10 所示。

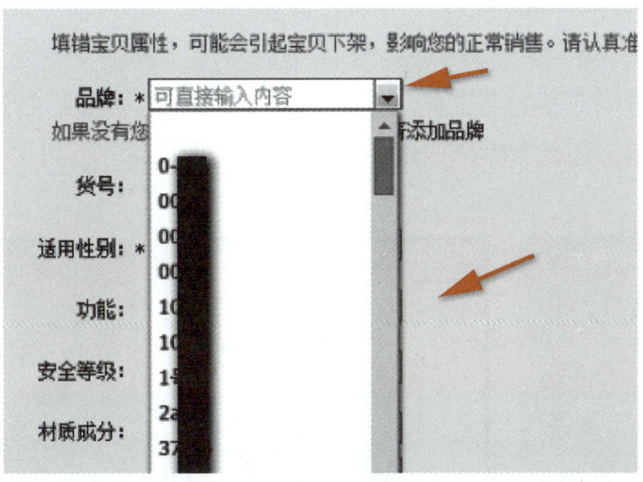

图 2-1-10 商品品牌填写

实际操作中，商品属性填写详细，对商品在搜索结果中的排名和展示效果是有帮助的。因此，商家需全面深入剖析商品特性，并根据商品的实际情况完整准确地描述商品属性。

4. 设置商品价格和库存

（1）商品价格

商家在电商平台发布商品价格时必须严格遵守相关法律法规，明码标价，严禁价格欺诈。按照电商平台的价格发布规范要求，“一口价”是指商家在商品发布页面设定的拟成交价格。促销价是指商家在日常经营活动中，在一次性价格的基础上，通过促销打折工具设定的优惠价格。商家可以对同一商品设定不同的促销价格。

（2）商品库存

网店商品库存是指在网络店铺中存储的、准备销售给消费者的商品数量。对于网店而言，有效的商品库存管理至关重要，它直接关系到网店的运营效率和消费者满意度。在发布商品时，填写商品库存要求库存数据准确、实时，以方便销售查询、进货补货和快递发货。

（3）商品 SKU

商品 SKU（Stock Keeping Unit）是指网店的库存量单位，是用于标识和跟踪网店中商品的单元。每个 SKU 对应一个特定的商品，具有唯一性，可以唯一地标识商品的属性和特征，方便商家进行商品管理、销售统计和订单处理。SKU 在网店中通常表现为商品的销售属性集合，如规格、颜色分类、尺码等。这些属性使得消费者在下单时能够点选自己需要的商品属性，从而更精确地满足消费者的购买需求。

5. 上传商品主图和图文详情

（1）商品主图

商品主图会影响商品的点击率，决定流量的获取。高质量的主图可以提高商品点击率，提高转化率，刺激消费者的购买欲。商品主图如图 2–1–11 所示。

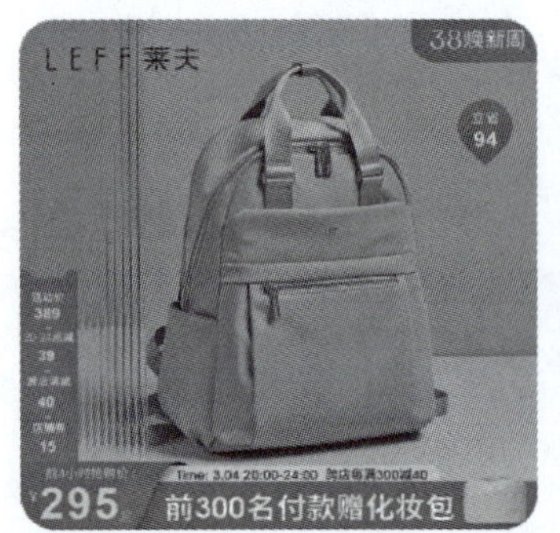

图 2–1–11 商品主图

1）主图的要求

商品主图的大小不能超过 3 MB，且应为像素值在 700×700 以上的图片。满足此条件的图片上传后，商品详情页会自动提供放大镜功能。同时，根据平台要求，必须上传符合规范的白底商品图，以便商品有机会出现在首页。

2）主图的作用

主图可直观展示产品外形、功能和卖点等信息。主图共有 5 张，如图 2–1–12 所示，每张主图的作用各不相同。

第一张主图主要强调商品的逻辑内容、卖点打造以及购买后的利益点，需要对商品卖点和买家利益点进行深入挖掘和精心策划。例如图 2–1–13 所示的双肩包，该商品卖点包括耐磨耐用、简约时尚、易于清洗等。买家购买后得到的利益点是“无门槛优惠券 5 元”，既突出了目标消费群体，又强调了促销信息。

第二张主图进一步强化商品的卖点，并通过展示商品细节，让买家认识到商品的独特性和创新性，如图 2–1–14 所示。

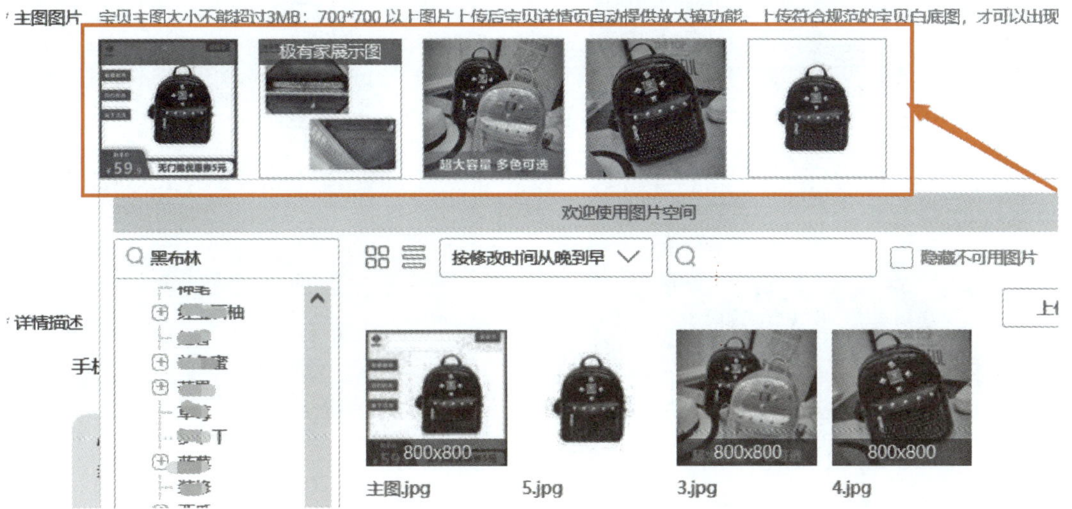

图 2-1-12　全部主图图片

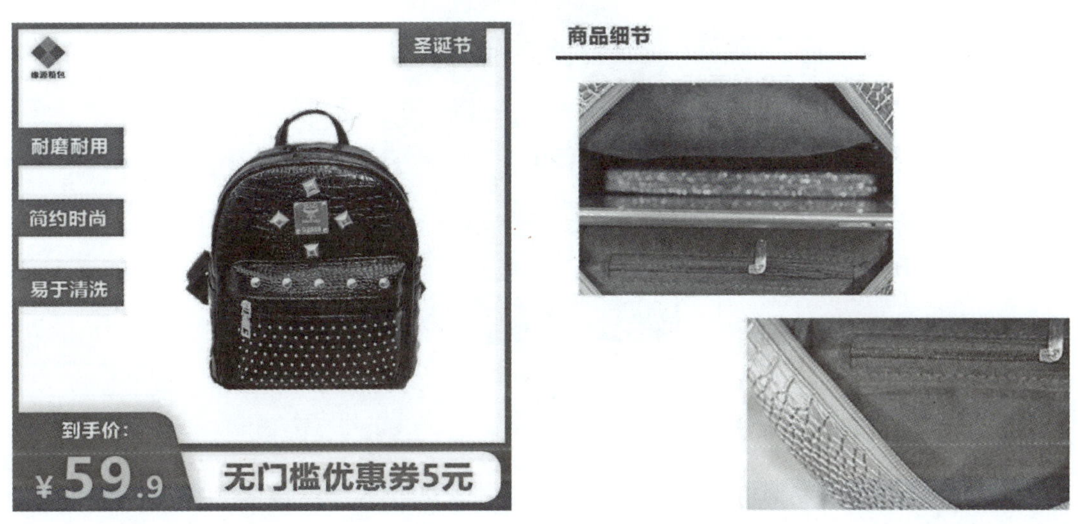

图 2-1-13　第一张主图

图 2-1-14　第二张主图

第三张主图主要是为了展示商品的多样性，如不同的颜色、效果或者用途，以吸引更多的消费者点击并购买，如图 2-1-15 所示。

第四张主图可以当作营销图，主要展示商品和店铺的活动内容，如满减、打折、包邮等。这些活动能够从价格和服务方面吸引消费者，突出消费者购买后的利益点，如图 2-1-16 所示。

第五张主图为实拍清晰白底图，这是平台对店铺的基本要求，尤其是那些希望在手机淘宝首页或其他渠道获得展示机会的商品，必须制作这样的图片。如图 2-1-17 所示，白底图能够减少色差，让消费者看到商品的真实样貌。

图 2-1-15　第三张主图

图 2-1-16　第四张主图

图 2-1-17　第五张主图

（2）详情页模块

详情页是唯一向消费者详细展示商品细节与优势的地方，其核心作用就是促成订单，实现销售转化。如图 2–1–18 所示为详情页示例。

1）首屏海报：是详情页的最初部分，先展现首屏海报。首屏海报可用于展示店铺营销信息，我们可以将网店的主推款放在首屏海报中，以便进店浏览商品的消费者第一时间看到这些主推商品。

2）场景图：展示商品在不同场景下的使用情况。例如，对于服装，一般是通过模特搭配不同的布景来展示。这些布景可以是多样的户外场景，这样的图片便是场景图，它能增强消费者的代入感。又如香薰精油的详情页，可以展示不同场景（如客厅、卫生间、卧室等）的使用效果图，以及不同场景下的使用感受。

3）细节展示：即展示商品的细节部分，包括材质、图案、做工、功能等。特别

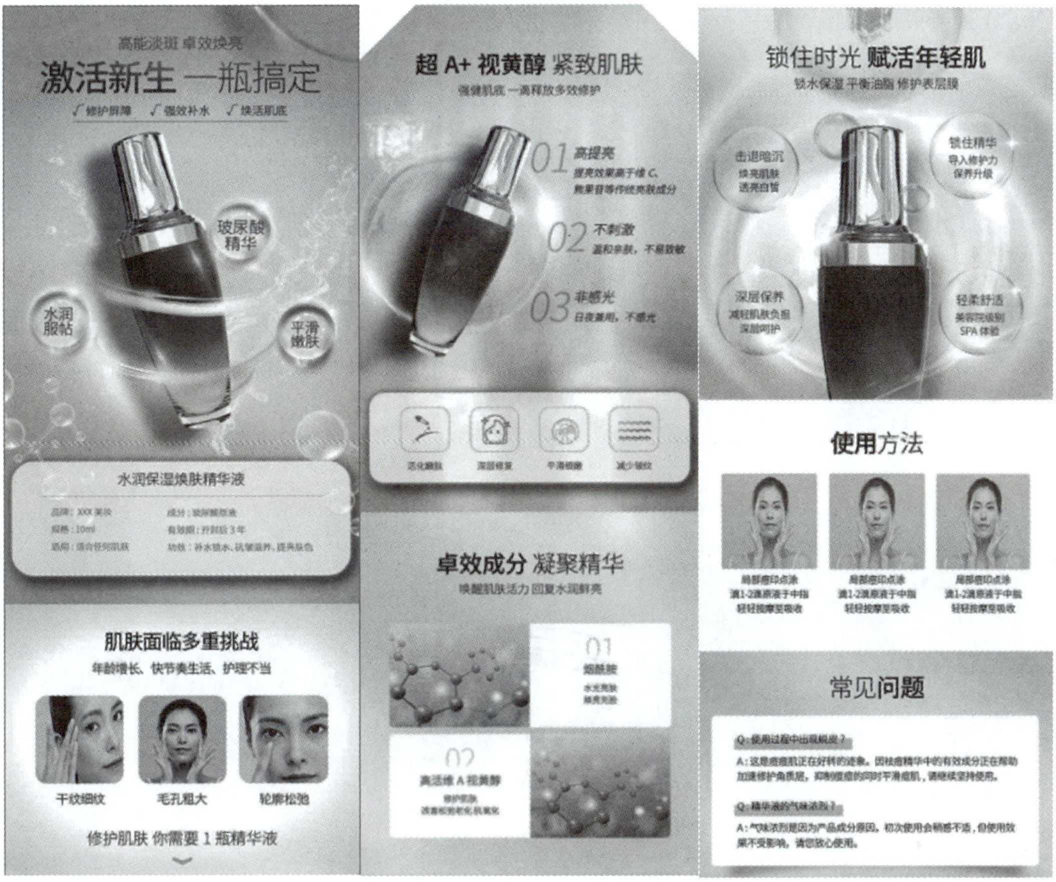

图 2-1-18　详情页示例

是对于服装类商品，如男 T 恤，通常会展示 T 恤的面料（材质）、图案、柔软透气的功能特性。

4）卖点图：用于展示商品的优势。在选择销售某商品时，首先需要了解该商品的优势，并在卖点图中突出这些优势。

5）商品规格尺码表：为了方便消费者选购，详情页应包含商品的规格尺码表。例如销售服装时，规格尺码表中应包含衣长、胸围、肩宽、袖长等信息，以及不同尺码的对应身高 / 体重范围。

6）活动促销信息：展示活动促销信息，包含促销价格和优惠活动信息等。特别是“6·18”“双十一”“双十二”等大型促销活动期间，详情页都会插入相应的促销信息。

7）消费者反馈信息：淘宝详情页通常包括消费者反馈信息模块，也就是该商品的好评信息。这些信息一般展示在详情页底部，旨在增强消费者对商品的信任。

8）售后保障：售后保障方面一般包括邮费、发货、退换货等售后政策。例如，提供 7 天无理由退货、赠送运费险等服务。

6. 设置商品分类和运费模板

（1）商品分类

与实体店一样，网店的商品也需要按照类别进行归类。例如，商场中设有服装专柜、化妆品专柜、饰品专柜等。这样做的好处在于，它以较低的成本实现了一个不说话的“导购经理”功能，并且方便商场管理商品。网店也一样，做好商品分类，既能方便消费者选购，又方便对商品的管理。因此，淘宝商家可以根据自己店铺的商品特点建立相应的分类，如图 2-1-19 所示。

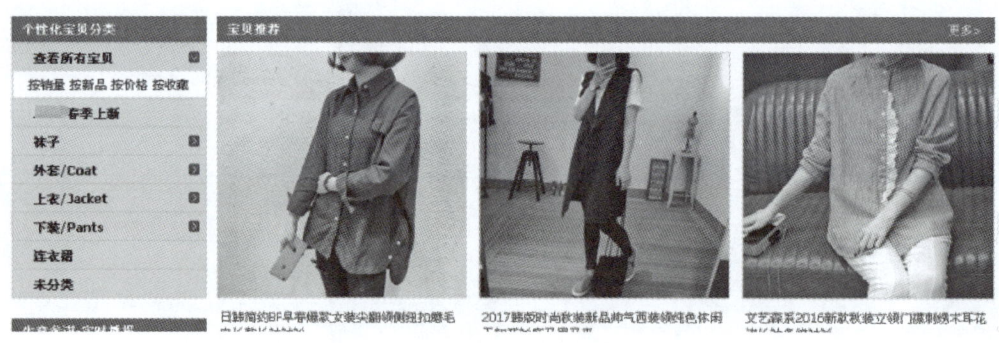

图 2-1-19 商品分类

1）商品分类的技巧

①商品分类应具备鲜明的个性特征，选择图片式分类是一种普遍且有效的方法，这在淘宝网店中尤为常见和实用，因为它能为消费者提供直观且人性化的浏览体验。

②商家可以为自己的商品开辟特价区、新到货区、热卖商品区、VIP 区等，以满足不同用户群体的需求。

③商家可以根据商品类别进行分类，如 T 恤、裤装、裙装和外套等；按价格区间可以分为一口价区、19 元以下区、20～50 元区和 100 元以上区等。商品分类方式多样，我们可以根据商品特点和消费者习惯来选择最合适的分类方式。

2）商品分类设置

①登录淘宝网，在“卖家中心”下面的“店铺管理”中单击“宝贝分类管理”超链接，如图 2-1-20 所示。

②在“分类管理”页面中，单击“+ 添加手工分类”按钮，如图 2-1-21 所示。

③在箭头所示的文本框中输入要设置的商品分类名称，即可快速添加一个手工分类，如图 2-1-22 所示。

图 2-1-20　单击“宝贝分类管理”超链接

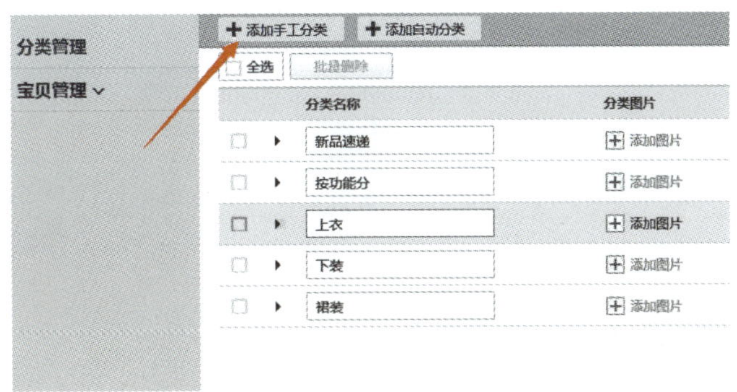

图 2-1-21　单击“+ 添加手工分类”按钮

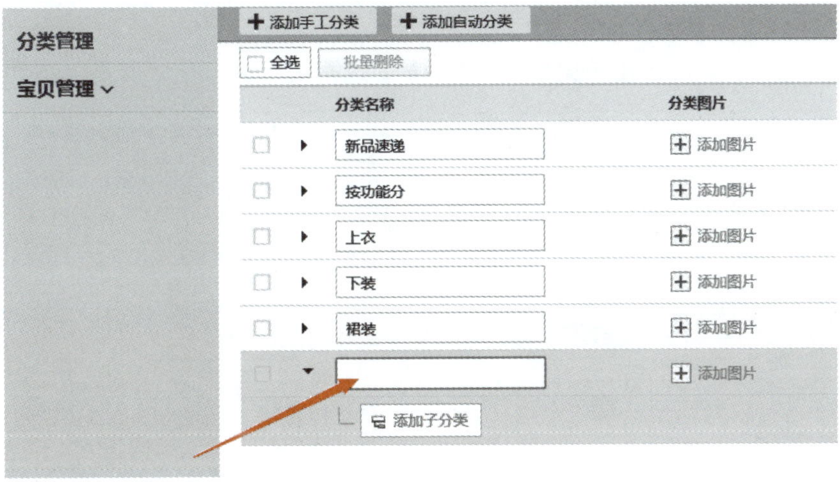

图 2-1-22　添加分类

④依次点击分类下面的子类，即可添加一个子分类，如图 2-1-23 所示。

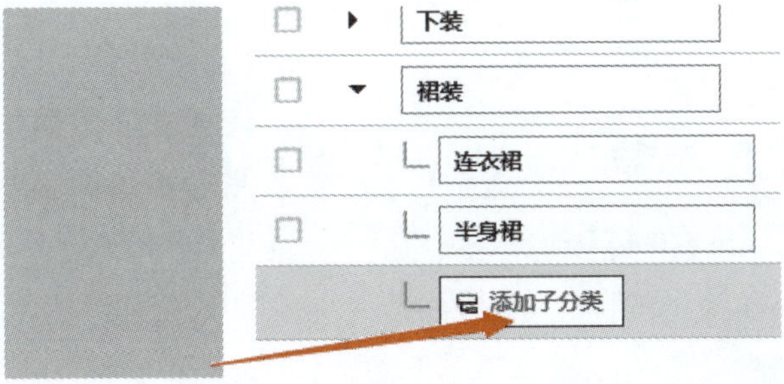

图 2-1-23　添加子分类

⑤设置完成后单击右上角的“保存更改”按钮，即可保存好更改的分类设置，如图 2-1-24 所示。

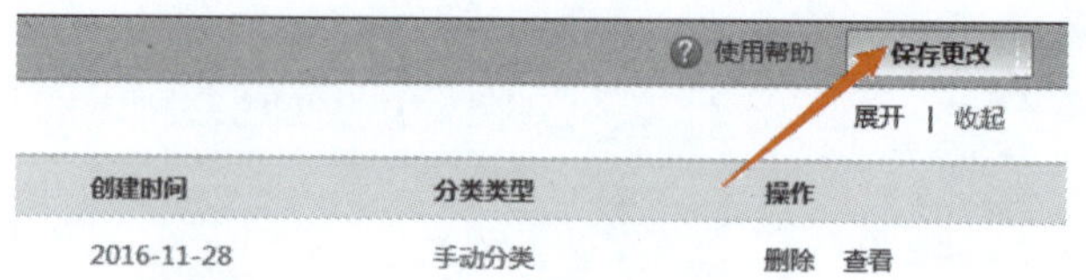

图 2-1-24 保存分类设置

（2）运费模板

1）运费模板概述

商家可以通过设置运费模板来解决不同地区的消费者购买商品时的运费差异问题，还可以解决同一消费者在店内购买多件商品时的运费合并问题。此外，利用运费模板，商家还可推出优惠活动，例如消费者在店内单次购买商品达到一定金额即可享受免运费服务。

2）运费模板设置

①登录淘宝，单击“我是卖家”，进入千牛商家工作台，在“交易”下的“物流管理”中，单击“物流工具”选项，如图 2-1-25 所示。

图 2-1-25 单击“物流工具”选项

②单击页面中“添加新地址”按钮，根据提示输入地址，设置发货地址和退货地址，如图 2-1-26 所示。

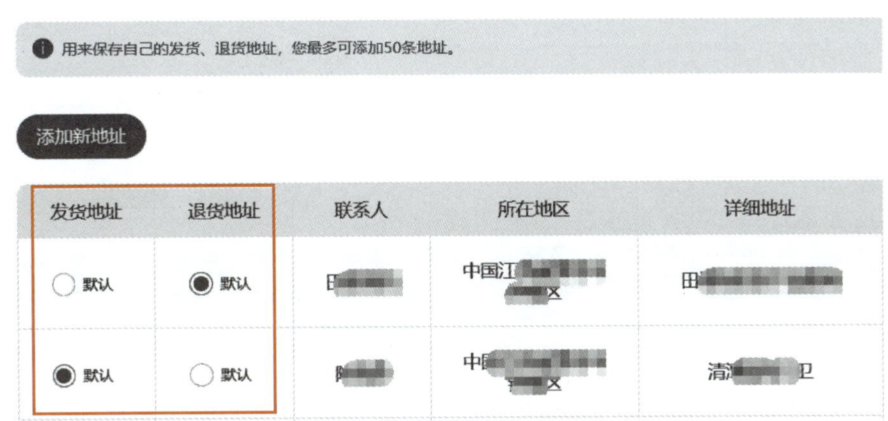

图 2-1-26　设置发货地址和退货地址

③在“运费模板设置”标签中，单击新增运费模板，进入“普通运费模板设置”页面，填写模板名称、发货地、是否包邮、计价方式、运送方式（快递、同城配送、EMS、平邮）等，如图 2-1-27 所示。

物流工具 › 运费模板设置
普通运费模板设置　偏远地区模板设置
新增运费模板
模板名称：　运费计算器
* 发货地：请选择...
* 是否包邮：自定义运费　包邮
* 计价方式：按件数　按重量　按体积
运送方式：除指定地区外，其余地区的运费采用“默认运费”
快递
同城配送
EMS
平邮
指定条件包邮 New 可选
保存并返回　取消

图 2-1-27　运费模板设置

任务实施

以淘宝店铺为例，完成“一口价”发布商品，具体步骤如下：

● 步骤 1　登录淘宝网首页，单击页面右上方的“千牛卖家中心”按钮，如图 2-1-28 所示。

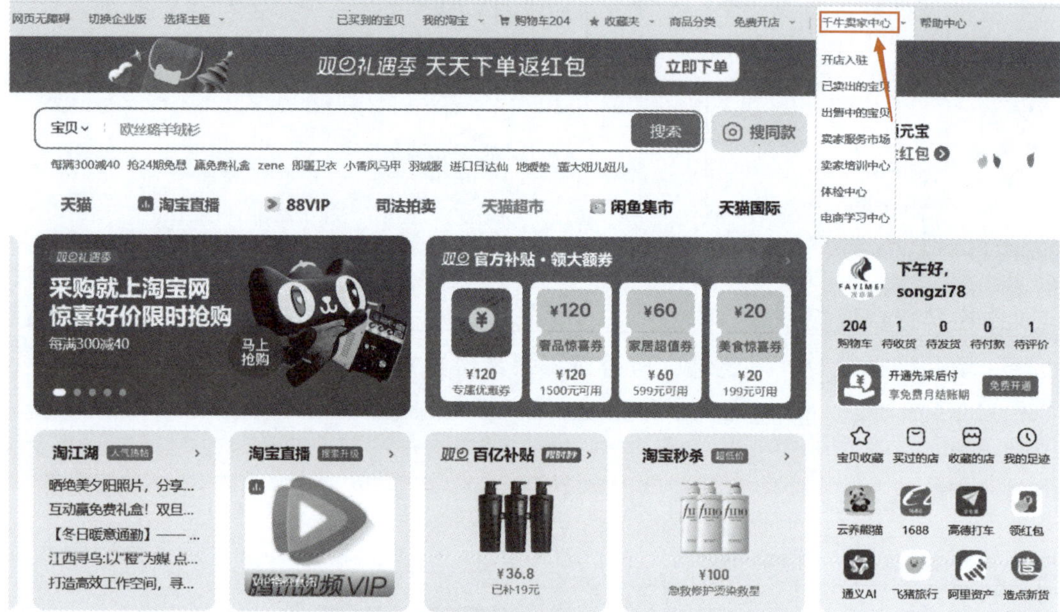

图 2-1-28　单击“千牛卖家中心”按钮

● 步骤 2　在“千牛卖家中心”页面左侧导航栏的“宝贝管理”中，单击“发布宝贝”按钮，如图 2-1-29 所示。

● 步骤 3　进入商品发布页面，上传五张商品主图，如图 2-1-30 所示。

● 步骤 4　在“确认商品类目”栏，选择商品所属类目，然后单击“下一步，完善商品信息”按钮，如图 2-1-31 所示。

● 步骤 5　进入商品基本信息填写页面，填写商品基本信息，如图 2-1-32 和图 2-1-33 所示。

● 步骤 6　填写发货时效、一口价和库存信息，如图 2-1-34 所示。

● 步骤 7　填写支付信息和物流信息，如图 2-1-35 所示。

交易管理
已卖出的宝贝　评价管理
采购助手　分期管理

物流管理
发货　物流工具
物流服务　我要寄快递

宝贝管理
发布宝贝　出售中的宝贝
橱窗推荐　体检中心

店铺管理
查看淘宝店铺　店铺装修
图片空间　手机淘宝店铺

营销中心
店铺营销中心　生意参谋
我要推广　活动报名
店铺营销工具

经营概况

待办事项

违规提醒
待优化商品：1　管控记录：1　违规记录：3

宝贝管理
出售中的宝贝：6　等待上架的宝贝：43

订单提醒

橱窗管理
未使用的橱窗：4　已经使用橱窗：2

活动管理

服务订购
待评价订单：16

图 2-1-29　单击“发布宝贝”按钮

* 上传商品主图　上传高清正面商品主图，可快速智能识别及填充商品信息，帮您智能选择发布类目，上传清晰商品正面图，自动生成白底图

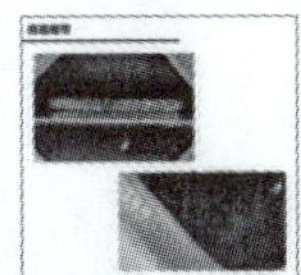

(选填)若商品含条码，可选择上传商品条形码，可提高商品识别准确率70%

上传或选择条码　输入条形码内容

图 2-1-30　上传五张商品主图

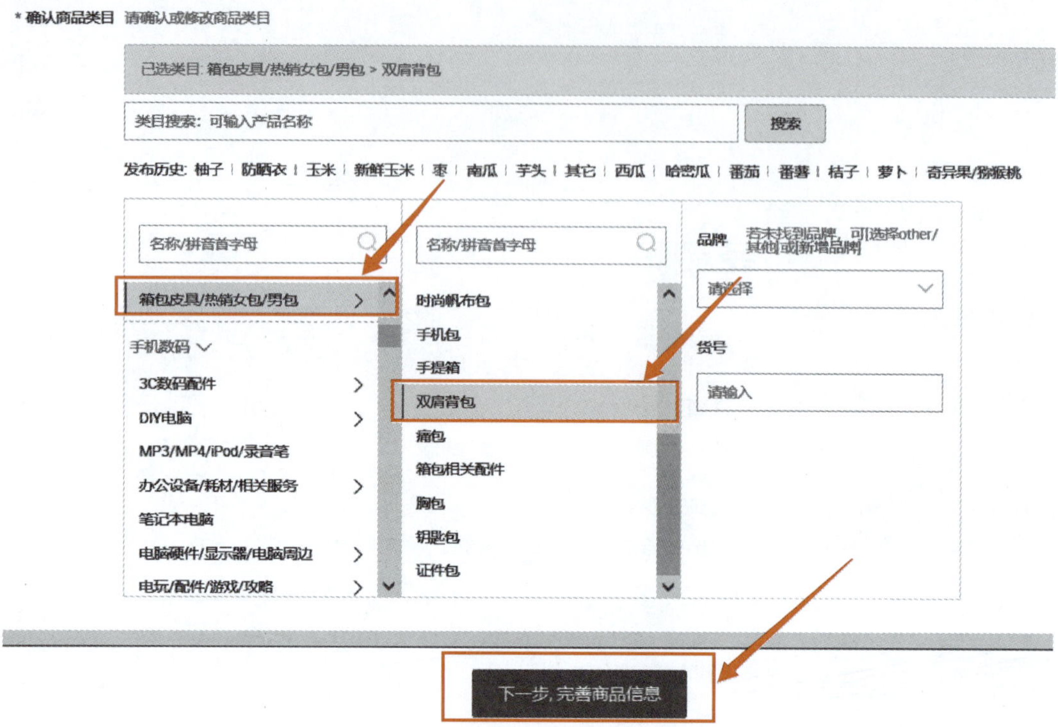

* 确认商品类目　请确认或修改商品类目

已选类目：箱包皮具/热销女包/男包 > 双肩背包

类目搜索：可输入产品名称　搜索

发布历史：柚子 | 防晒衣 | 玉米 | 新鲜玉米 | 枣 | 南瓜 | 芋头 | 其它 | 西瓜 | 哈密瓜 | 番茄 | 番薯 | 桔子 | 萝卜 | 奇异果/猕猴桃

名称/拼音首字母

箱包皮具/热销女包/男包

手机数码

3C数码配件

DIY电脑

MP3/MP4/iPod/录音笔

办公设备/耗材/相关服务

笔记本电脑

电脑硬件/显示器/电脑周边

电玩/配件/游戏/攻略

名称/拼音首字母

时尚帆布包

手机包

手提箱

双肩背包

腰包

箱包相关配件

胸包

钥匙包

证件包

品牌　若未找到品牌，可选择other/其他或新增品牌

请选择

货号

请输入

下一步，完善商品信息

图 2-1-31　选择商品所属类目

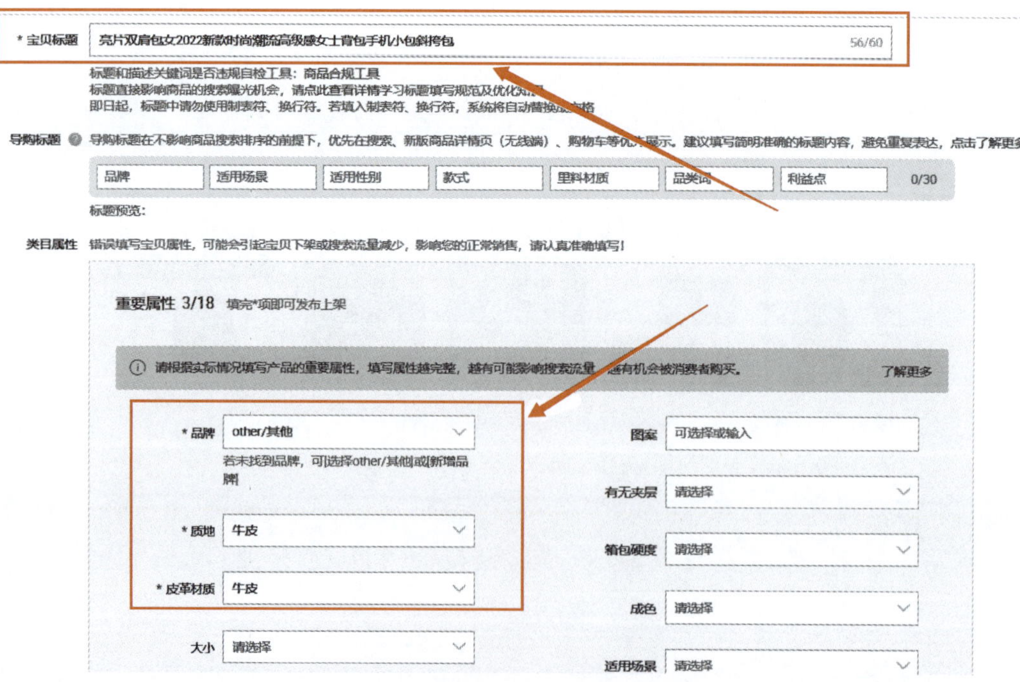

图 2-1-32　填写商品基本信息（一）

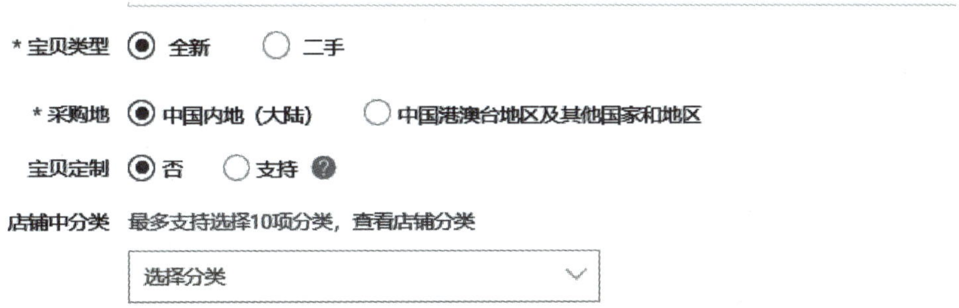

* 宝贝类型　◉ 全新　○ 二手

* 采购地　◉ 中国内地（大陆）　○ 中国港澳台地区及其他国家和地区

宝贝定制　◉ 否　○ 支持

店铺中分类　最多支持选择10项分类，查看店铺分类

选择分类

图 2-1-33　填写商品基本信息（二）

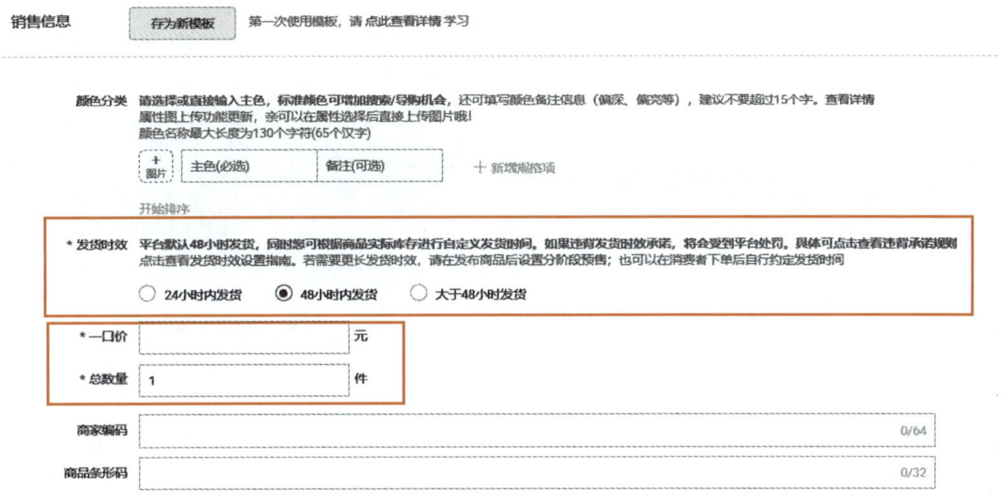

销售信息　存为新模板　第一次使用模板，请 点此查看详情 学习

颜色分类　请选择或直接输入主色，标准颜色可增加搜索/导购机会，还可填写颜色备注信息（偏深、偏亮等），建议不要超过15个字。查看详情
属性图上传功能更新，亲可以在属性选择后直接上传图片哦！
颜色名称最大长度为130个字符(65个汉字)

＋图片　主色(必选)　备注(可选)　＋ 新增规格项

开始排序

* 发货时效　平台默认48小时发货，同时您可根据商品实际库存进行自定义发货时间。如果违背发货时效承诺，将会受到平台处罚。具体可点击查看违背承诺规则
点击查看发货时效设置指南。若需要更长发货时效，请在发布商品后设置分阶段预售；也可以在消费者下单后自行约定发货时间

○ 24小时内发货　◉ 48小时内发货　○ 大于48小时发货

* 一口价　　元

* 总数量　1　件

商家编码　0/64

商品条形码　0/32

图 2-1-34　填写发货时效、一口价和库存信息

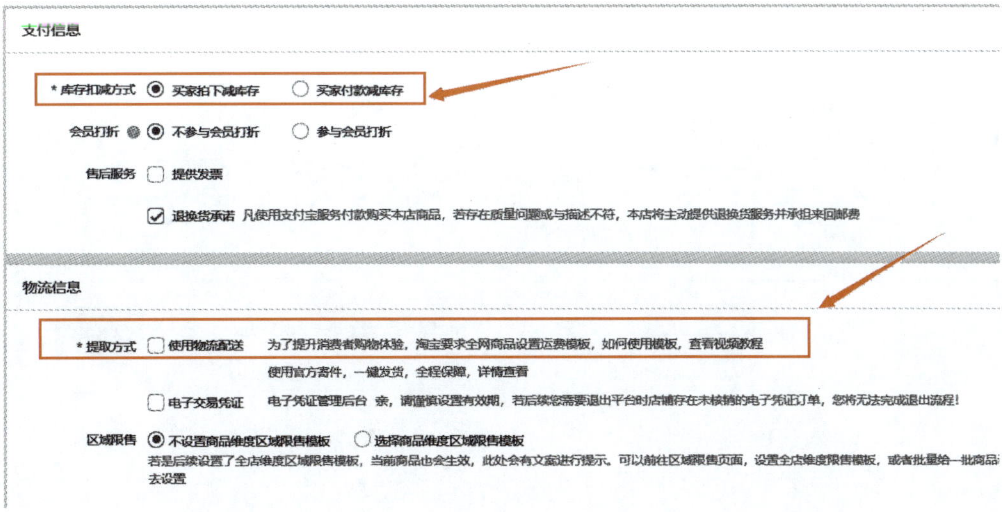

支付信息

* 库存扣减方式　◉ 买家拍下减库存　○ 买家付款减库存

会员打折　◉ 不参与会员打折　○ 参与会员打折

售后服务　☐ 提供发票

☑ 退换货承诺　凡使用支付宝服务付款购买本店商品，若存在质量问题或与描述不符，本店将主动提供退换货服务并承担来回邮费

物流信息

* 提取方式　☐ 使用物流配送　为了提升消费者购物体验，淘宝要求全网商品设置运费模板，如何使用模板，查看视频教程

使用官方寄件，一键发货，全程保障，详情查看

☐ 电子交易凭证　电子凭证管理后台　亲，请谨慎设置有效期，若后续您需要退出平台时店铺存在未核销的电子凭证订单，您将无法完成退出流程！

区域限售　◉ 不设置商品维度区域限售模板　○ 选择商品维度区域限售模板
若是后续设置了全店维度区域限售模板，当前商品也会生效，此处会有文案进行提示。可以前往区域限售页面，设置全店维度限售模板，或者批量给一批商品去设置

图 2-1-35　填写支付信息和物流信息

● 步骤 8　填写商品详情，如图 2-1-36 所示。需注意的是，手机端和计算机端要使用同样的描述。

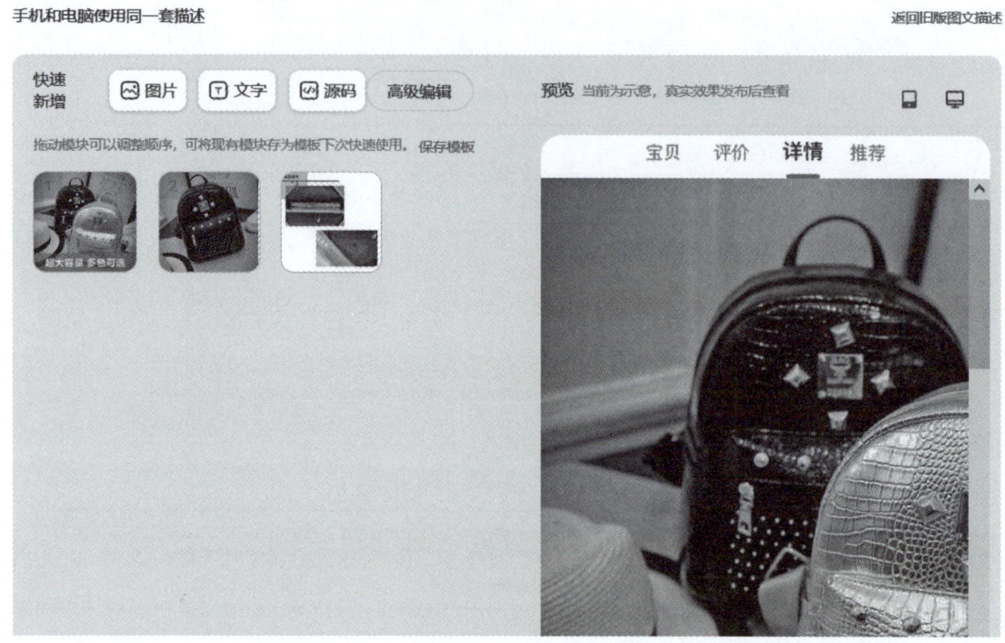

图 2-1-36　商品详情

● 步骤 9　选择上架时间，如图 2-1-37 所示。最后单击“发布”按钮，商品发布成功页面如图 2-1-38 所示。

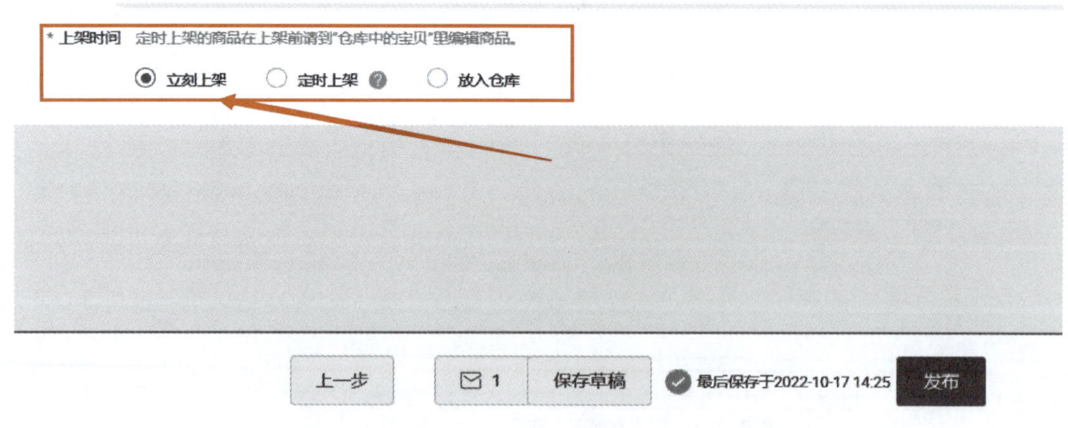

图 2-1-37　选择上架时间

宝贝已经成功发布，通常30分钟后才能在店铺、分类、搜索中显示，请耐心等待

宝贝发布成功即可正常交易，让您加QQ、微信、支付宝好友，给您发链接、二维码的都是骗子。若买家反馈有问题，请买家自行联系淘宝网处理。查看真实被骗案例。

此宝贝未编辑手机端宝贝详情，立即编辑»

- 查看该宝贝
  买家未出价时，您可到"我的淘宝 > 我是卖家 > 出售中的宝贝 "进行修改。
- 继续发布宝贝
- 用心选设置宝贝手机端商品推荐
- 如何优化一个会赚钱的宝贝描述页
- 绑定服务宝
- 马上推广到无线，获取千万免费流量
- 推广宝贝-让你的宝贝出现在淘宝网绝佳位置
- 

https://item.taobao.com/item.htm?id=556566818335 复制链接 您可以复制链接发送给买家

图 2-1-38　商品发布成功

拓展训练

如图 2-1-39 所示眉山爱媛 38 号果冻橙产自四川省成都市，是一种很有特色的水果。该产品的包装方式是食用农产品级别，果径不小于 85 mm，每箱净含量为 2.5 kg，销售价格为 39.8 元。请在网店完成该商品的上架。

要求：

（1）为商品选择合适的类目；

（2）根据提供的商品信息，为商品填写商品标题、属性、设置销售信息（重量、价格、库存）；

（3）为商品设置商品主图和详情页；

（4）将商品信息编辑后上架至网店。

图 2-1-39　爱媛果冻橙

思考与练习

1. 某网店在发布一款服装商品时，未使用服装实物图片，而是选用了纯山水背景图作为商品主图。该店铺的行为是否违反了电商平台的商品发布规则？请简要说明理由。
2. 简述商品标题关键词在电商平台商品推广中的重要作用，并举例说明商品标题关键词的主要分类。

任务 2　网店商品维护

学习目标

- **知识目标**

1. 了解商品上下架周期的基本原理
2. 掌握网店商品巡查的要点

- **技能目标**

1. 能完成图片空间的设置
2. 能根据相关法律法规执行违禁词检查

相关知识

网店日常维护是网店运营过程中必不可少的一项工作，也是一项非常烦琐的工作。对于新手卖家来说，做好日常维护不仅能给店铺带来免费流量，还能及时发现店铺存在的一些潜在问题，保持店铺稳定经营，使销量得到提升。

一、商品上下架

1. 商品上下架周期

商品上下架周期主要涉及商品在电商平台（如淘宝）的展示和搜索排名机制。根据淘宝平台规则，商品发布时，商家通常会设置上下架周期为 7 天，这就意味着商品

在发布后的 7 天内将保持在线状态，7 天结束后将自动进行虚拟下架。下架后，商品将再次自动上架，开始新一轮的 7 天周期。商品越接近下架时间，其在搜索排名中的权重就越高。选择较短的上下架周期（如 7 天），有助于商品在电商平台上的搜索排名更靠前，从而使消费者更容易看到店铺商品，增加商品的搜索排名和曝光率。因此，合理地分配上下架时间是提升店铺流量的有效手段之一。例如，商品 A 在星期一 10：00 下架，那么在星期一 10：00 之前这段时间，商品的权重是最高的，如图 2–2–1 所示。

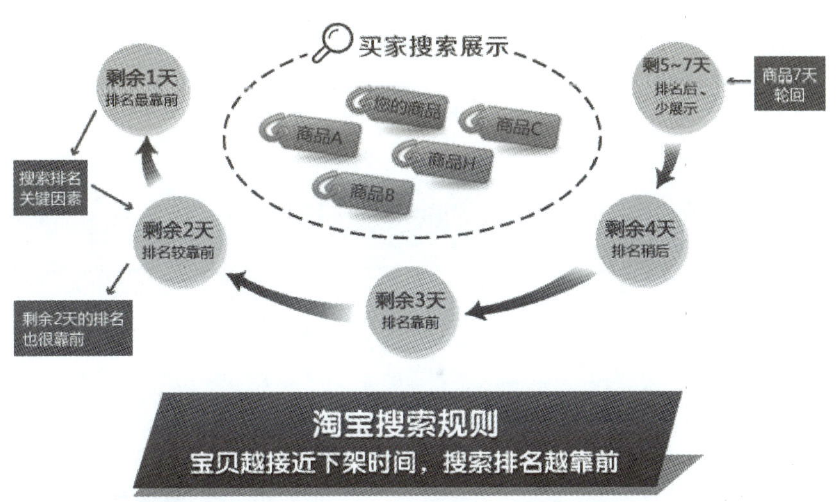

图 2–2–1 上下架搜索规则

2. 商品上下架技巧

为了实现商品的曝光率最大化，商家可以根据商品类目和流量高峰时段，合理地在每天的不同时间段上架一定数量的商品。这样可以确保在每个时间段都有商品接近下架时间，从而提升商品的搜索排名。利用工具或软件定时上架商品也是一个有效的策略。例如，在网购交易高峰时段（如上午 9：00 至 12：00，下午 1：00 至 4：00，晚上 7：00 至 9：00）上架商品，可以进一步增加商品的曝光率。

3. 商品上下架时间的设置

在千牛卖家中心，发布商品的页面下方有“设置上架时间”选项。这个时间由商家自行设定，包括立刻上架和定时上架两种方式，如图 2–2–2 所示。

* 上架时间　定时上架的商品在上架前请到"仓库中的宝贝"里编辑商品。

◉ 立刻上架　○ 定时上架 ?　○ 放入仓库

图 2–2–2 上架时间设置方式

（1）立刻上架

立刻上架是指发布商品时，系统自动预设上下架时间，无须商家手动设置。建议将店铺商品均匀分布在 7 天的周期内。

（2）定时上架

若要更精细地控制发布时间，可以通过分析店铺数据来确定流量高峰期。不同行业的流量高峰期有所差异，有些行业可能在周末，有些则可能在工作日。通过进一步细化分析，还可以观察一天中哪个时间段流量较高，据此设定商品的上架时间，如图 2–2–3 所示。

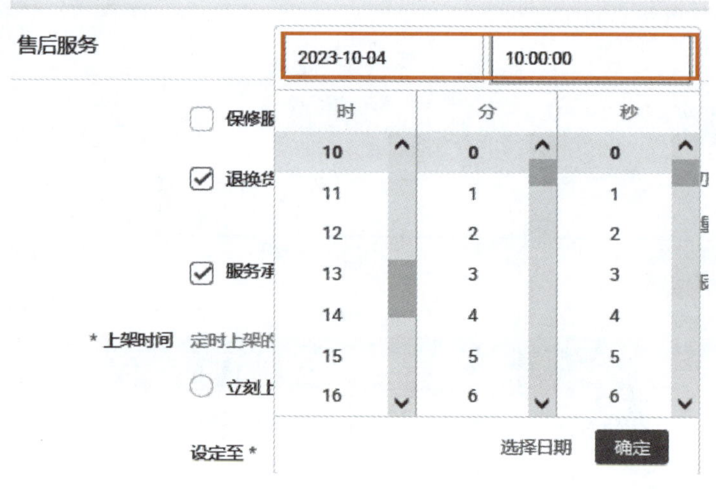

图 2–2–3　定时上架

二、增减库存

网店的商品库存数量是指商家在店铺上架的商品数量。在商品销售过程中，商家需要实时监控库存量。随着季节更替、商品销售热度和销量的变化，商家应判断商品未来的销售趋势，并据此调整库存设置。补充库存量一次不宜过多，以有效控制库存风险。以淘宝店铺为例，增减库存步骤如下：

（1）登录淘宝账号，进入千牛卖家中心，单击左侧导航栏中的“商品”选项，在“商品”栏的“商品管理”下选择“我的宝贝”选项，再单击“出售中”，进入出售中的商品界面，如图 2–2–4 所示。

（2）在商品界面中，单击最右侧的“编辑商品”选项，如图 2–2–5 所示。

（3）进入商品编辑页面后，在按照颜色分类的商品的数量栏处，增减商品库存的数量，如图 2–2–6 所示。

（4）填写完后，单击保存，即完成增减库存设置。

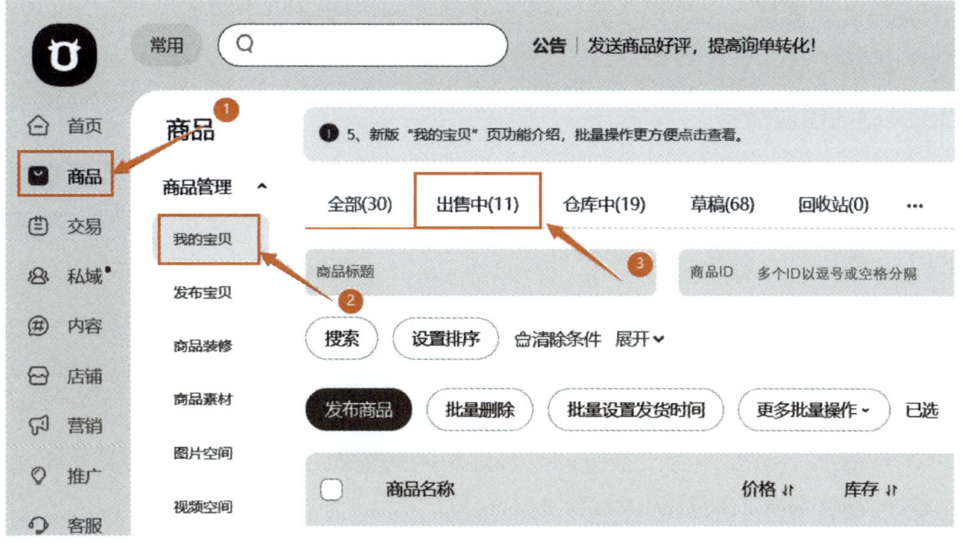

图 2-2-4　出售中的商品界面

图 2-2-5　单击“编辑商品”选项

颜色分类	推荐卖点	SKU分类	*价格(元)	*数量(件)
5×8自然黑17cm	可选主推品	单品	98.00	50
5×8黑色17cm	可选主推品	单品	98.00	51
5×8深棕色17cm	可选主推品	单品	98.00	51
5×8酒红色17cm	可选主推品	单品	98.00	51
7×10自然黑17cm	可选主推品	单品	158.00	50
7×10黑色17cm	可选主推品	单品	158.00	51
7×10深棕色17cm	可选主推品	单品	158.00	51
7×10浅棕色17cm	可选主推品	单品	158.00	51

图 2-2-6　增减库存

三、网店商品巡查

与实体店一样，网店经营同样需要对商品进行定期巡查。通过细致全面的巡查，可以发现关键词错误、违禁词使用、排版问题、链接错误以及图片与实物不一致等问题。以下是网店商品巡查的要点：

1. 关键词错误检查

关键词是吸引流量的基础，对于搜索商品至关重要。关键词错误主要表现为以下几种情况：

（1）标题滥用关键词

标题是消费者获取商品信息的关键环节，是构建商品形象的第一印象，因此必须严格遵循相关性原则。标题应准确反映商品的本质特征，避免出现误导性的表述，如“张冠李戴”或“挂羊头卖狗肉”的情况，确保标题的准确性和相关性。尤其不要在标题中使用与商品不相关的流行热搜词，否则引入的流量不能对应相应的商品，无法转化为实际的销售收入，而且效果往往适得其反。

标题中还不能使用他人的品牌词。在经营过程中，品牌是平台监控的重点对象，标题中不能出现未经授权的品牌词、品牌图片、标签及关键词等信息。

此外，标题中使用“弱相关”的词，也是关键词使用不当的一种表现。

（2）相关属性值关键词与商品描述不符

在填写商品属性时，需明确属性值。如果详情页描述中的属性值与明确的属性值不符，也将被判定为相关性违规。

2. 违禁词检查

商家在制作商品标题、主图、详情页等商品信息时，除了要制造卖点吸引消费者外，还需注意避免使用广告法禁止的宣传用语。以下是广告法中的违禁词汇。

（1）与“一”有关，如世界第一、销量第一、一流、几大品牌之一等，这些属于无真实依据的极限用语。

（2）与“最”有关，如最好、最佳、最便宜、最先进、最新、最低价、最高档、最奢侈等，这些也属于无真实依据的极限用语。

（3）与“首/家/国”有关，如首个、独家、全国首发、全国销量冠军、国家级商品、国家领导人等，这些仍属于无真实依据的极限用语。

（4）与“级/极”有关，如国家级（相关单位颁发的除外）、世界级、顶级、极品、终极、极致、顶级工艺等，这些都属于无真实依据的极限用语。

（5）与“时间”有关，限时活动必须标明具体时间，如今日、今天、倒计时、仅限、周年庆、品牌团等均未明确具体时间，严禁使用随时结束、随时涨价、马上降价等无真实依据的用语。

（6）与“虚假”有关，如永久、祖传、纯天然、100%、史无前例、万能等，这

些属于无真实依据的极限用语。

如图 2-2-7 所示某店铺瑜伽巾的商品描述中，“12 倍吸水”的数据引用就存在违规情况。根据《中华人民共和国广告法》第十一条规定，广告使用数据、统计资料、调查结果、文摘、引用语等引证内容的，应当真实、准确，并表明出处。引证内容有适用范围和有效期限的，应当明确表示。显然，该瑜伽巾引用的数据未提供出处，构成了虚假宣传。

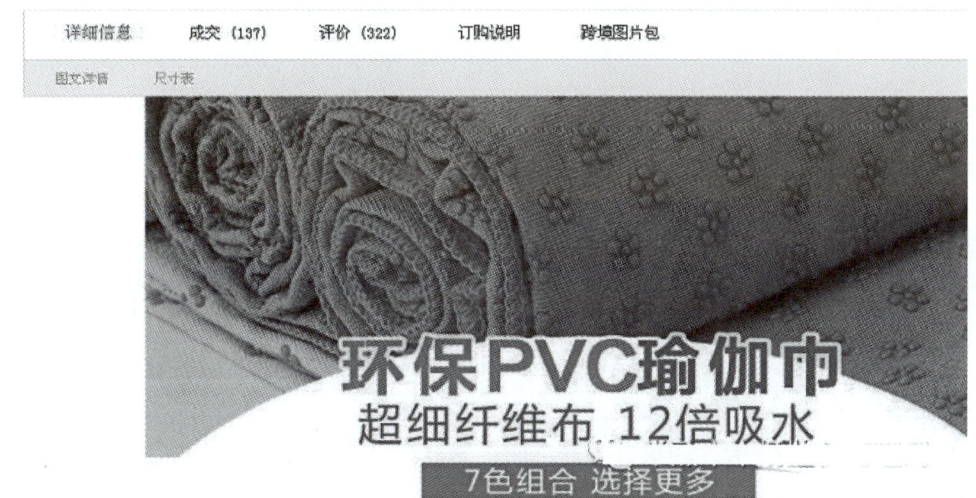

图 2-2-7　违禁词示例

（7）与“品牌”有关，如世界领先、领导者、巅峰、领袖品牌、王牌、冠军等，这些属于无真实依据的极限用语。

3. 排版检查

排版检查主要是针对店铺首页，检查过期导航是否已更换、图片是否无法显示、在线客服（如旺旺）是否正常运行、滚动图是否正常展示，以及图片尺寸是否存在问题等。

4. 链接检查

链接检查的重点在于确认商品链接能否正确打开对应的促销活动页面和单品详情。商家应每天对店铺内的部分商品链接进行抽查，确保页面内的所有关联链接均可点击，点击后的内容与链接指示的内容相符，不存在死链，应确保消费者通过链接可迅速、准确地找到商品相关信息。

5. 图片与实物一致性检查

网店图片对消费者具有一定的引导作用，如果图片与实物严重不符，即商品的质量不符合要求，属于违约。消费者可以要求商家承担违约责任，如果造成消费者损失的，可以要求商家赔偿。

（1）商品存在色差问题

例如，商品实物图是白色的（左图），商品的主图却拍成了灰色（右图），存在明显的色差，如图 2-2-8 所示。

图 2-2-8　商品存在色差

（2）商品尺寸图与实物不一致

由于每个人的测量方法和测量工具不同，商品尺寸图和实物有些许误差是正常现象。但消费者可能还会反馈尺寸不符，这就需要商家讲清楚尺寸和测量方法后，说明可能存在 1～2 cm 的误差，提醒消费者如果对尺寸要求严苛应谨慎下单，如图 2-2-9 所示。

▪ **实测尺寸**

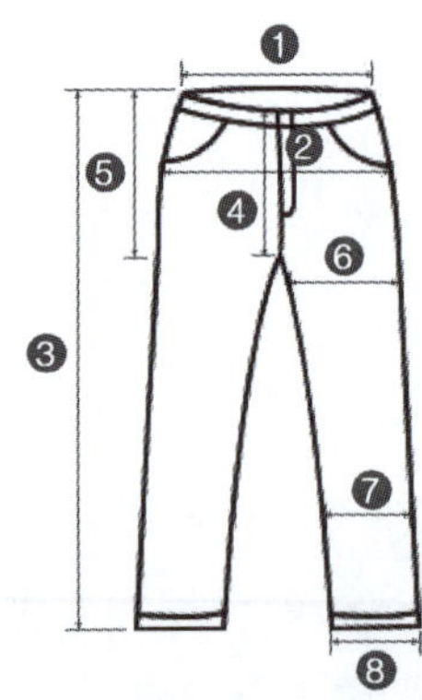

❶ 腰围　❷ 臀围　❸ 裤长
❹ 前档　❺ 后档　❻ 大腿围
❼ 小腿围　❽ 裤脚宽

*温馨提示:人工测量会有1~2cm的误差,敬请原谅!单位cm

尺码	腰围	臀围	裤长	前档	后档	大腿围	小腿围	裤脚宽
24	35	49	95	22	29	27	18	15
25	36	51	95	22	30	27	18	16
26	37	52	96	23	31	28	18	16
27	38	53	96	23	31	29	18	16
28	39	54	97	24	32	30	19	17

图 2-2-9　商品尺寸图

须注意：因为消费者对商品的质量、参数、颜色等均通过商家提供的照片、视频等确定，受拍摄器材及灯光的限制，消费者买到的实物往往与图片展示物或多或少有出入。但质量保证是商品的底线，对因虚假宣传、以次充好、假冒品牌、伪劣商品等行为给消费者造成损失的，网店需承担直接的赔偿责任。

四、商品日常维护技巧

1. 商品标题维护

在优化商品标题时，应保留那些能够吸引搜索流量的关键词。对于流量较低的关键词，可以考虑替换为行业当前热门词汇。但应注意的是，每周的标题修改次数不宜超过 2 次，因为每次标题修改后，淘宝搜索引擎是需要重新收录标题的。

2. 主图、详情页维护

（1）主图，尤其是第一张主图对商品权重有显著影响。因此，做主图维护时，直接替换第一张主图是不推荐的。如果必须更换第一张主图，可以先把新主图放在后面 4 张主图的任意位置，几天后再用它替换第一张主图。

（2）详情页的维护应选择在晚上 10 点以后进行，并且每次修改不超过三分之一。因为这一时间段是淘宝系统进行更新的时段，此时进行修改对商品流量影响较小。

3. 商品属性维护

通常不建议修改商品属性，因为消费者在搜索时往往根据商品标题和属性提取关键词。一旦属性修改，可能会导致丢失部分属性关键词流量，影响商品的整体流量表现。

五、图片空间

淘宝图片空间是专门用于储存店铺图片的区域。只有自家店铺的图片才能存入图片空间，通过图片链接，可以轻松将图片展示在店铺中。通常，商品图片、详情页图片和店铺装修图片都需要先上传到图片空间，然后才能在店铺中使用。目前，淘宝网已经明确禁止使用来自淘宝图片空间以外的图片链接。

向图片空间上传图片的具体步骤如下：

（1）准备好需要上传的图片，登录淘宝网，进入千牛卖家中心，如图 2-2-10 所示。

（2）在千牛卖家中心左侧导航栏中，选择“商品”中的“商品管理”，在“商品管理”下单击“图片空间”选项，进入图片空间，如图 2-2-11 所示。

（3）在新版的图片空间的操作后台，单击右上角“上传”按钮，如图 2-2-12 所示，按照图 2-2-13 所示操作上传图片。

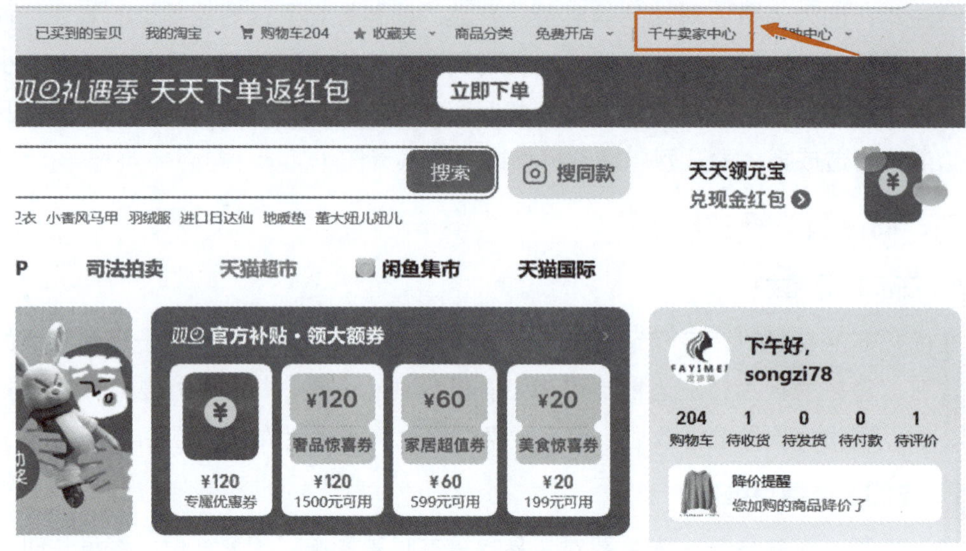

图 2-2-10　登录千牛卖家中心

图 2-2-11　图片空间页面

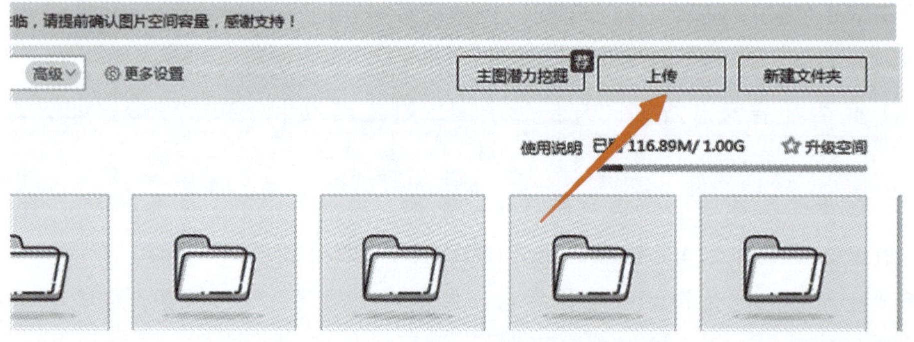

图 2-2-12　单击“上传”按钮

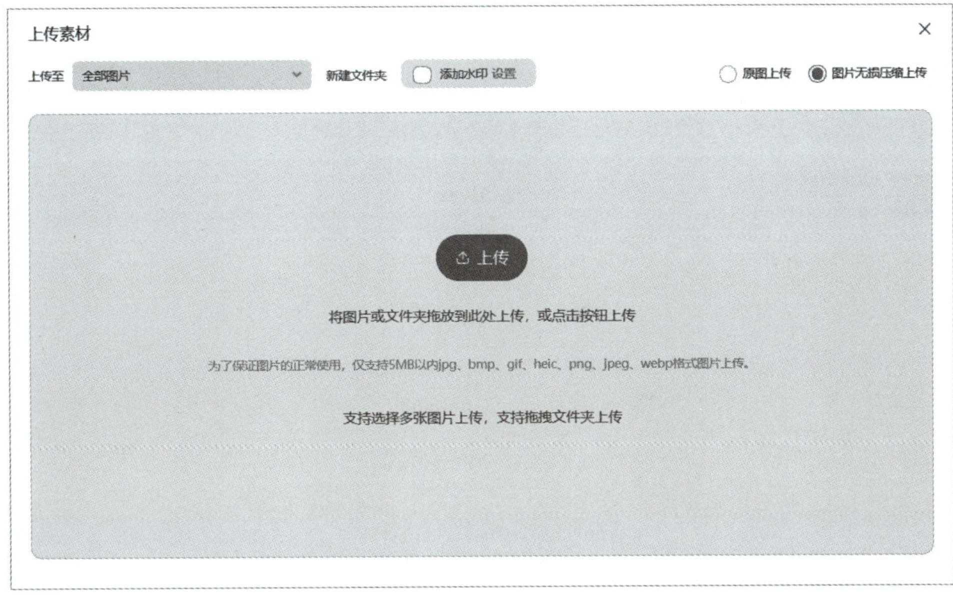

图 2-2-13　图片上传

（4）选择准备上传的图片文件夹所在位置，找到已经整理好的图片文件，在界面右侧窗口找到需要上传的图片，选中图片，单击“打开”按钮，如图 2-2-14 所示。

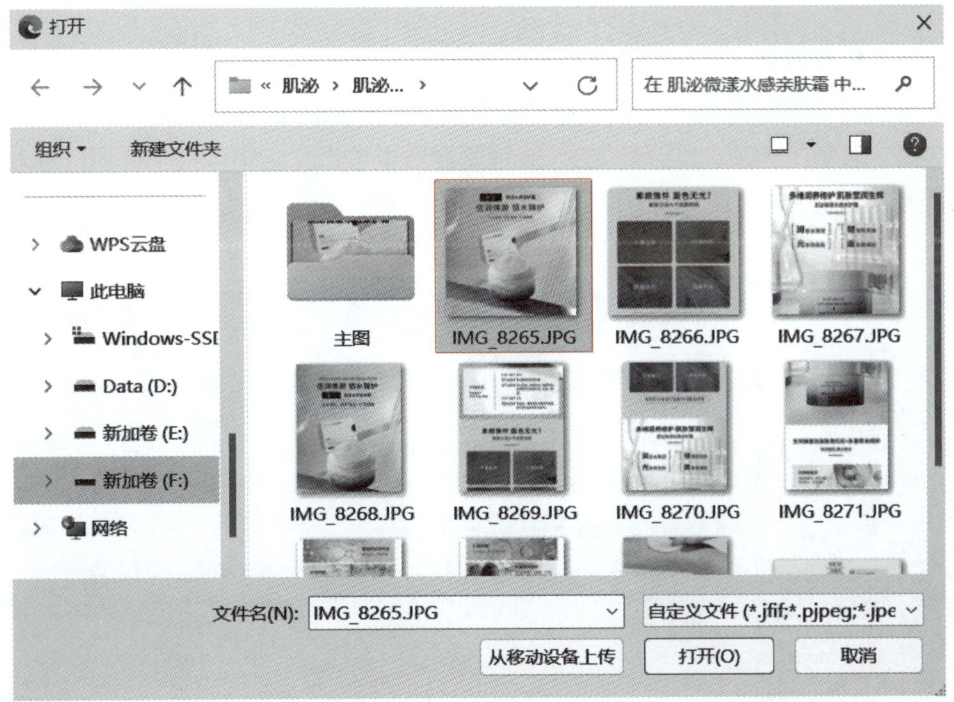

图 2-2-14　选择上传图片

（5）弹出上传结果页面，显示图片上传成功，如图 2-2-15 所示。

图 2-2-15　图片上传成功

任务实施

以淘宝店铺为例，完成店铺商品自检自查。

● 步骤 1　登录淘宝网，输入登录账号和密码，进入千牛卖家中心，在左侧导航栏中选择“店铺”选项，“店铺”的“店铺管理”中单击“店铺体检”选项，进入店铺体检页面，如图 2-2-16 所示。

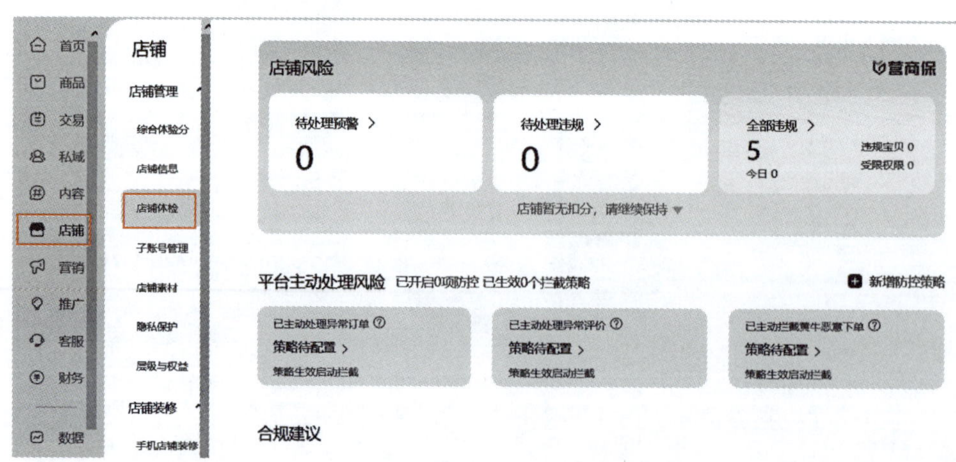

图 2-2-16　店铺体检页面

● 步骤 2　在体检中心的页面上显示有“品质提升工具”栏目，可以通过这些工具检查店铺存在的问题，如图 2-2-17 所示。

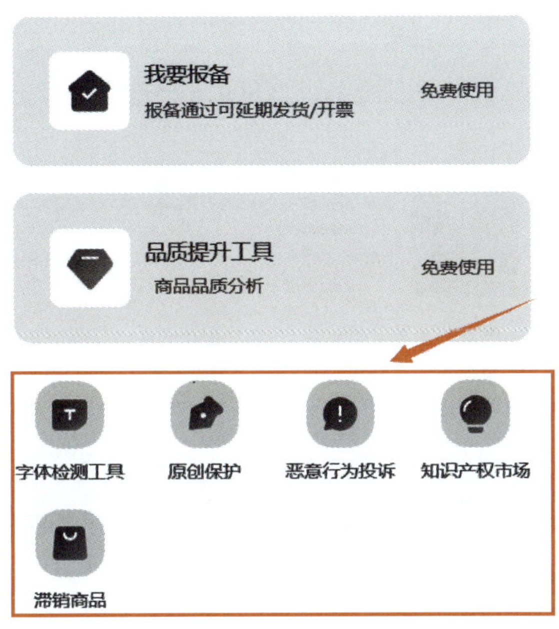

图 2-2-17　品质提升工具

● 步骤 3　单击“字体检测工具”选项，进行自检自查，检测结果如图 2-2-18 所示。

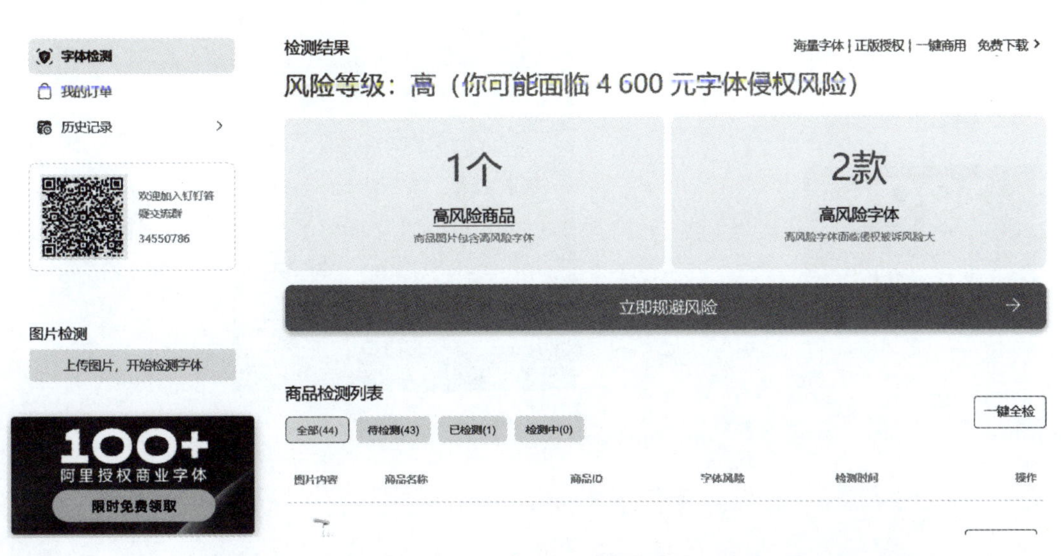

图 2-2-18　字体检测结果页面

● 步骤 4 单击“立即规避风险”按钮，查看高风险字体，如图 2-2-19 所示。

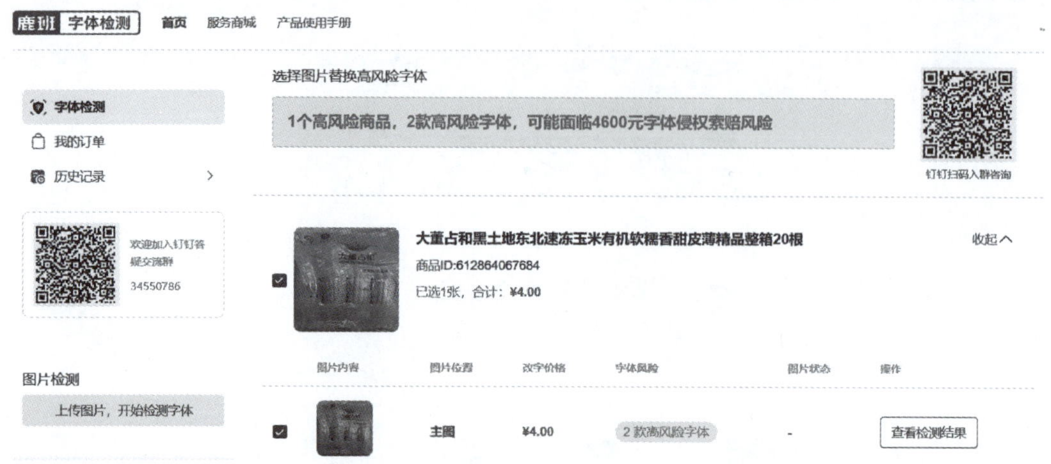

图 2-2-19 查看高风险字体

● 步骤 5 单击“查看检测结果”，根据检测结果对高风险图片进行替换，如图 2-2-20 所示。

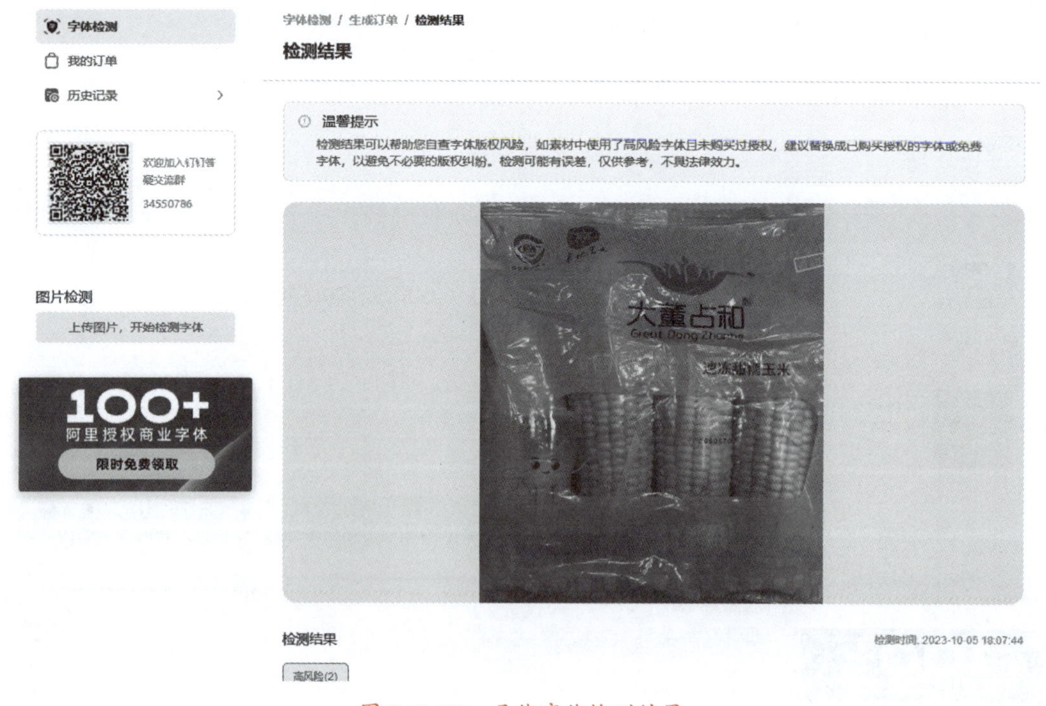

图 2-2-20 具体字体检测结果

以此类推，对“原创保护”“恶意行为投诉”“知识产权市场”“滞销商品”等项目

进行检测并调整。

拓展训练

找出图 2-2-21 中需要维护的商品关键信息。

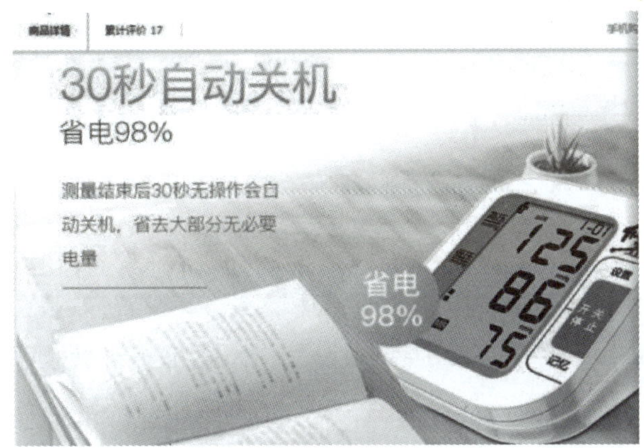

图 2-2-21　商品关键信息

思考与练习

1. 商品巡查的要点有哪些?
2. 商品日常维护有哪些技巧?
3. 电商平台禁止在商品标题或描述中使用哪些类型的词汇?

项目三 网店装修 *

网店装修分为 PC 端（计算机端）网店装修和无线端（移动端）网店装修。一个精良的店铺装修不仅能准确传达店铺的定位和风格，还能有效吸引买家的目光，延长他们在店铺的停留时间。精美的网店装修设计，无疑是提升转化率、塑造品牌形象的关键因素。

任务 1　PC 端网店装修

学习目标

- **知识目标**
  1. 了解 PC 端店铺首页的装修原则
  2. 掌握 PC 端店铺首页的模块功能
- **技能目标**
  1. 能对 PC 端店铺首页进行布局
  2. 能完成 PC 端店铺首页装修

相关知识

PC 端网店装修应注重页面的整体布局和视觉效果，使页面舒适美观，符合网店品

* 为方便教学，帮助学生更好理解有关内容，我们提供本章部分彩图和操作演示视频，登录技工教育网即可观看。

牌形象，满足买家需求，进而提升用户体验，增强买家购买意愿，有效提高订单转化率。

一、PC 端网店首页概述

网店首页作为店铺的招牌和形象，是买家进入店铺后首先看到的页面，它不仅展现品牌气质，还承担着流量分发的重任。店铺根据自身的风格、促销活动，以及客户的浏览习惯、需求和购物行为，合理利用各个模块，将商品进行科学合理的分类，使店铺布局结构清晰明了，从而增强买家对店铺的好感度，提高商品转化率。

二、PC 端店铺首页的装修原则

1. 店铺风格定位

确定店铺风格是店铺装修布局设计的前提。店铺风格受品牌文化、商品信息、消费群体、市场环境和季节等多重因素影响。在网店装修过程中，应突出行业属性，深入了解商品性能及其行业特点，选择与其相匹配的颜色和图片进行装修设计。例如，母婴行业适合采用舒适的暖色调来营造温馨氛围，而数码类等专业性较强的行业则适合使用蓝色来彰显专业感。图 3-1-1 所示列举了不同店铺的装修风格实例。

图 3-1-1　不同店铺的装修风格实例

2. 配色方案确定

网店装修时，配色应追求简洁、时尚，切忌将店铺首页当成调色盘。也应避免在首页堆砌过多模块，以免显得累赘繁杂，导致增加店铺的跳失率。对于店铺首页的关键图片，使用边框和线条时应简洁明了，避免使用不协调的颜色。

3. 字体规范

为了提升买家的浏览体验，商家在图片排版、字体大小、图片高度尺寸等视觉交互设计上需更加人性化。内容应精益求精，减少买家等待加载的时间。对于文字和图片的介绍，应兼顾买家的浏览体验，确保信息清晰易读。

三、PC 端店铺首页的模块布局

首页布局并非简单地将所有模块效果堆砌于店铺中，而是指各模块之间的巧妙组合与有序排列。一个合理的布局，不但能增强店铺的吸引力，提升新老客户的忠诚度，还能极大地优化用户体验，给用户带来更佳的购物体验。在 PC 端店铺首页设计中，核心模块通常涵盖店铺招牌、导航、图片轮播、宝贝分类、客服中心、宝贝排行和店铺页尾等元素，如图 3-1-2 所示。

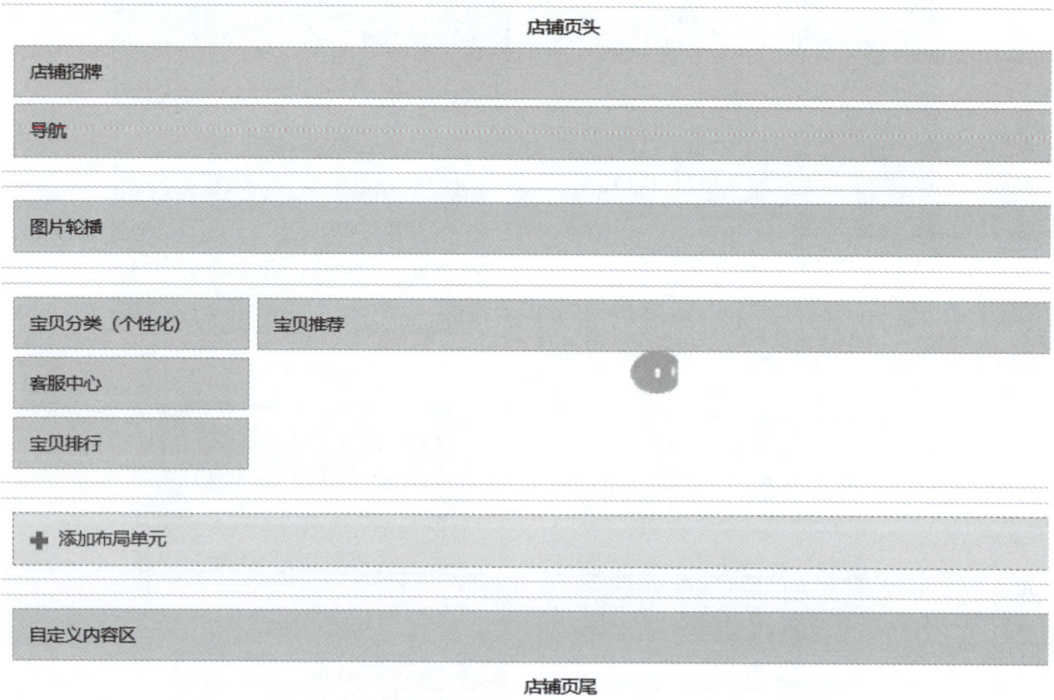

图 3-1-2　PC 端店铺首页的核心模块

1. 店铺招牌

店铺招牌通常包含店铺名称、logo 标志、口号、优惠券和收藏店铺的按钮等。作为店铺中唯一能在各个页面都能进行展示的模块，店铺招牌是展示重点推广信息的理想位置。

2. 导航

导航分为平台系统自带和自定义设计两种类型，其主要功能是帮助用户快速链接到店铺内的指定页面，提升浏览效率。

3. 图片轮播

图片轮播主要用于展示商品的促销信息，通过设计精美的促销海报吸引买家，营造震撼的视觉效果，是店铺促销活动不可或缺的模块。

4. 宝贝分类

宝贝分类模块帮助买家根据自己的需求快速在店铺内找到心仪的商品。宝贝分类方式多种多样，可按价格、商品功能、商品属性等进行分类。

5. 客服中心

客服中心是店铺与买家沟通的重要桥梁，应在页头、页面中部以及页尾均设置客服入口。特别是在首页内容较长时，客服中心的位置设计应确保买家能够迅速且方便地找到客服进行咨询。

6. 宝贝排行

宝贝排行模块为买家提供了流行商品指导，是店铺营销和打造爆款商品的重要工具。

7. 店铺页尾

店铺页尾主要展示有关快递、包装、物流、售后服务等关键信息，为买家提供全面的购物指南和售后保障。

任务实施

一、确定店铺装修风格

登录淘宝网，选择三家不同装修风格的店铺，分析并比较各店铺的装修特点，确定店铺的装修风格，并完成表 3–1–1 的填写。

表 3–1–1　店铺装修风格的比较

店铺名称	店铺链接	装修风格描述	色彩搭配	布局特点	图片与文字比例	导航易用性	用户评价	总体印象

二、PC 端网店首页装修

PC 端网店首页装修步骤如下：

● 步骤 1　进入千牛卖家中心，选择左侧导航栏中的“店铺”选项，在“店铺”栏的“店铺管理”下选择“PC 店铺装修”选项，然后在首页的“操作”栏中单击“装修页面”选项，如图 3–1–3 所示。

图 3–1–3　首页页面装修

● 步骤 2　在装修页面中，选择左侧导航栏中的“配色”选项，进行首页风格设置，如图 3–1–4 所示。

● 步骤 3　在装修页面，选取左侧导航栏中的“页头”和“页面”选项，进行背景色和背景图的设置，如图 3–1–5 所示。

图 3-1-4　首页风格设置

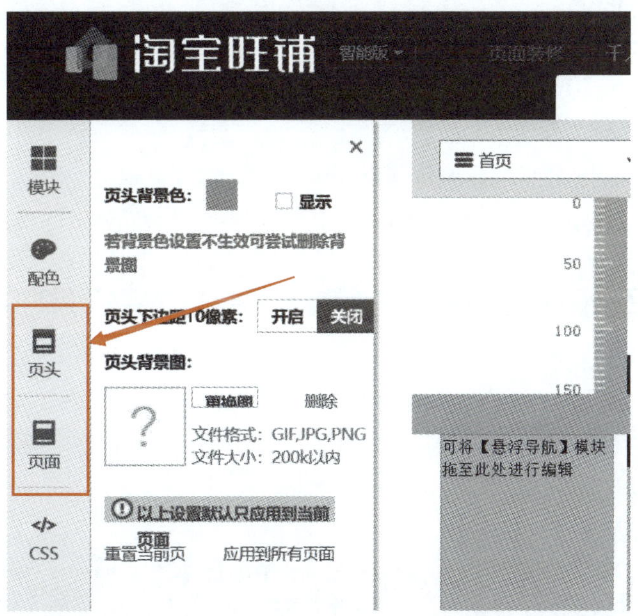

图 3-1-5　页头、页面背景色和背景图的设置

● 步骤 4　在左侧“模块”中的“基础模块”列表中，单击需要添加的模块，按住鼠标左键拖动至想要放置的位置，如图 3-1-6 所示。模块放置的位置是有限制的，如果可以放置，会提示松开鼠标以创建新的布局；如果不可以放置，也会有相应的提示。

图 3-1-6 模块选择

● 步骤 5 店铺页头包含店铺招牌和导航，总体像素值为 950×150，其中，店铺招牌像素值为 950×120，导航像素值为 950×30。

打开店铺招牌装修页面，将准备好的图片素材添加到页面中，如图 3-1-7 所示。

图 3-1-7 店铺招牌设置

打开导航页面，单击右下角的“添加”按钮，将对应的导航内容添加到页面中，如图 3-1-8 所示。

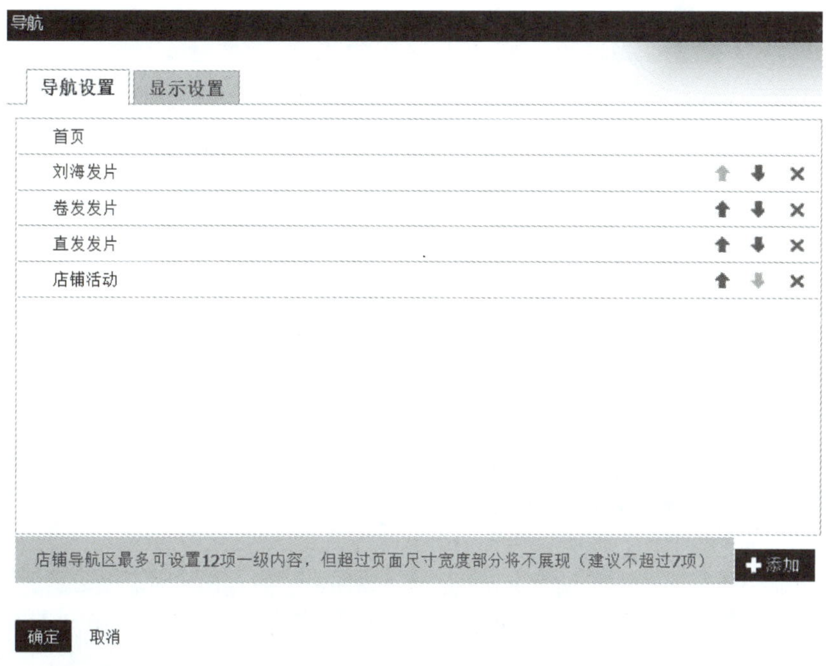

图 3-1-8　导航设置

● 步骤 6　打开图片轮播模块，单击图片地址栏右侧按钮，选择准备好的海报图片，添加海报图片，将商品链接复制到链接地址栏中，如图 3-1-9 所示。通常可以添加 5 张轮播海报。

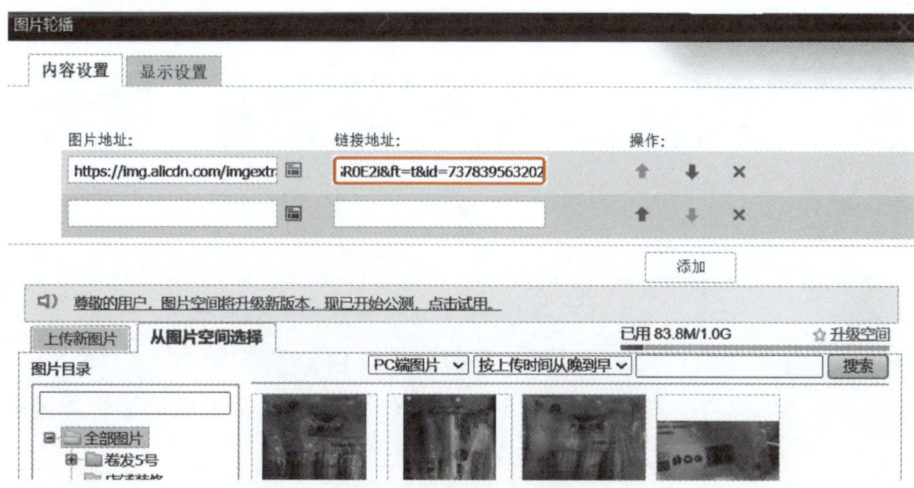

图 3-1-9　图片轮播设置

● 步骤7 装修完成后，单击右上角“发布站点”中的“立即发布”按钮，如图3–1–10所示，修改后的店铺装修页面就会发布到淘宝网上。

图 3–1–10 发布页面

拓展训练

在PC端店铺首页装修模块中添加宝贝推荐、个性化宝贝分类、客服中心、宝贝排行榜，完成网店装修的设置，如图3–1–11所示。

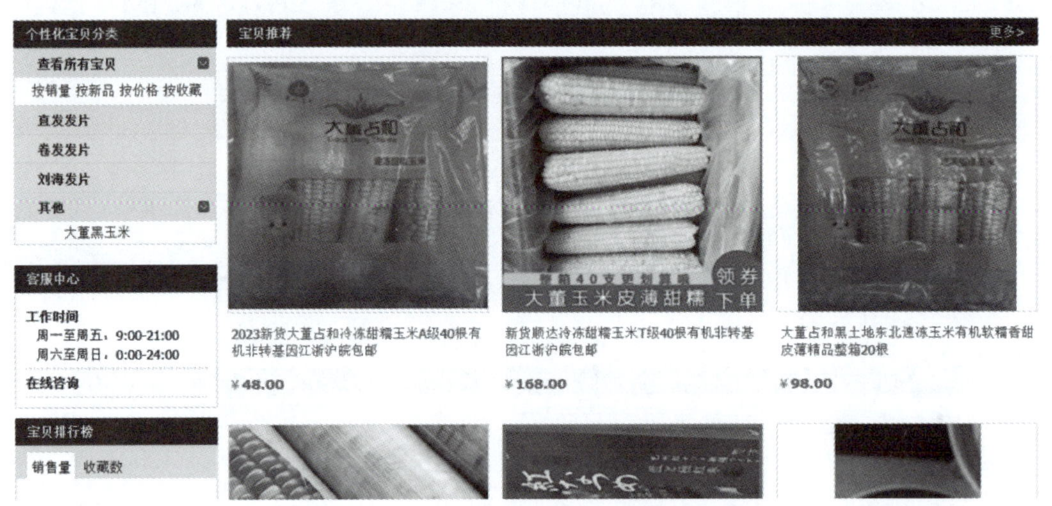

图 3–1–11 网店装修页面

思考与练习

1. PC端店铺首页的装修原则有哪些？
2. PC端店铺首页主要包含哪些模块？
3. 在PC端店铺装修中，色彩搭配的重要性体现在哪些方面？请举例说明。

任务 2 移动端网店装修

学习目标

知识目标

1. 了解移动端店铺装修的要点
2. 掌握移动端店铺首页的布局

技能目标

1. 能根据运营商品完成移动端店铺首页布局
2. 能根据网店首页布局完成模块装修

移动端网店装修的原理与 PC 端网店装修相同，富有视觉冲击力的店铺更能吸引买家的注意力，延长买家在店铺中的停留时间。本任务将从尺寸、布局等方面对移动端网店进行装修设计。

相关知识

一、移动端店铺装修的要点

移动端的屏幕较小，买家的浏览习惯一般是从上到下进行浏览。如果都是双列商品展示，或者用双列图片来展示商品，用户的兴趣度和体验趣味性就会大大降低。所以，在进行移动端店铺装修时，可以巧妙地使用各种大模块，像焦点图、左文右图及多图等，使移动端首页更具趣味性。

1. 信息内容要简洁

移动端店铺呈现的信息一定要简洁明了，以便更快速地传播。这是因为移动端能够传递的信息有限，过多的内容会导致买家阅读疲劳，从而失去继续浏览店铺的耐心，进而造成买家流失。

2. 使用有吸引力的颜色

手机的浏览区域相对有限，在设计移动端店铺时，视觉效果的打造往往依赖于颜色的运用。使用深沉的颜色来装饰店铺，很难吸引买家的注意；反之，采用充满活力的颜色装修店铺，则能给买家带来一种愉悦感，如图 3-2-1 所示。

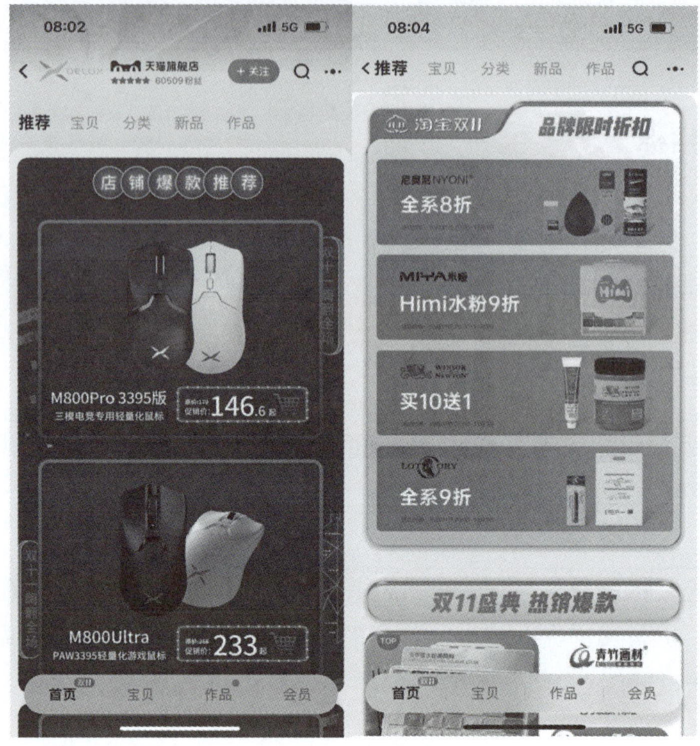

图 3-2-1　有吸引力的颜色

3. 保持更新速度

移动端店铺的视觉效果与活动内容、促销等紧密联系。由于网店的活动会定期更新，因此移动端店铺的视觉设计也需要及时跟进，为买家提供新鲜的视觉感受。

4. 风格保持一致

在移动端店铺的视觉设计中，保持设计主体与店铺风格的一致性是一个重要原则。不仅首页的背景和商品的展示风格要一致，商品分类页面的风格也要与之相符。

由于移动端店铺的视觉面积有限，因此更要注重风格的统一塑造，这既能为买家提供舒适的视觉感受，又能提升买家对品牌的认知度和好感度，从而提高移动端店铺的点击率，如图 3-2-2 所示。

5. 以图片展示为主

移动端店铺应以图片展示为主，因为使用手机浏览店铺的买家往往不会花太多时间去阅读文字。因此，在对移动端店铺进行视觉设计时，应合理控制图文比例，力求快速高效地向买家传递商品信息，以适应移动端碎片化获取信息的特点。

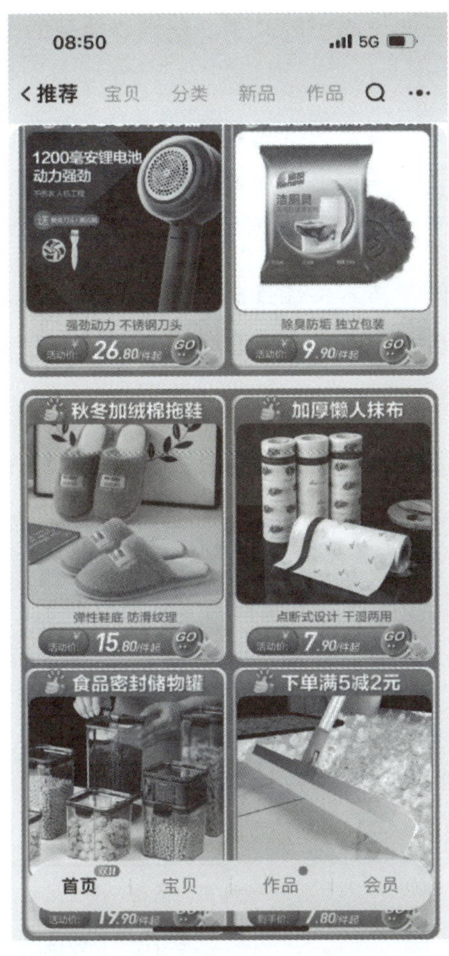

图 3-2-2　风格一致

二、移动端网店装修和 PC 端网店装修的区别

1. 尺寸不同

与 PC 端网店相比，移动屏幕的大小限制了移动端网店装修的尺寸，不合适的尺寸会造成界面混乱、浏览效果不佳等问题。

2. 布局不同

与 PC 端网店相比，移动端需更加贴合买家的需求，实现快速预览、快速阅读、操作便捷，以适应买家碎片化的消费习惯。因此，布局应简洁明了，摒弃不必要的过多装饰。

3. 详情展示不同

PC 端网店通常会通过较多的文字来说明商品的卖点、店铺促销和优惠等信息，但移动端网店的详情页中，应使用简洁的文字，并辅以适当的图片来阐述商品详情。

4. 分类不同

与 PC 端网店相比，移动端网店分类结构应更明确，模块划分要清晰，体现少而精的特点，以图片体现为主，使分类更加直观易懂。

5. 颜色运用不同

很多 PC 端网店会使用深色系来体现店铺风格和高品质等，但在移动端，由于浏览面积有限且视觉受限，店铺颜色宜选择鲜亮的色调，以带给买家愉悦感。

三、移动端网店首页的布局

移动端店铺首页的装修直接影响买家对商品的访问深度。在移动端浏览网店信息时，大多数买家习惯于向下方纵向延伸的浏览方式。因此，移动端网店首页去掉了侧边栏信息条，常用的布局包含店招、优惠券、主推爆款、活动专区、品类导航及系统默认模块等信息。其中，主推爆款区可以采用轮播图的形式进行展示，而优惠券、活动专区则应放置在较为显眼的位置，如图 3–2–3 所示。下面主要介绍店招、优惠券和主推爆款。

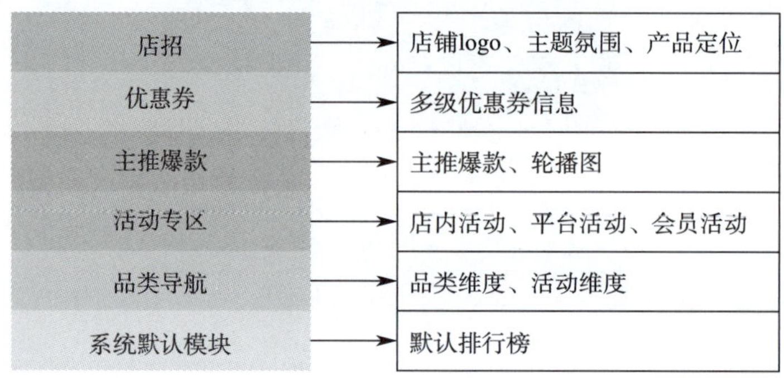

图 3–2–3 移动端店铺首页常用布局

1. 店招

店招应处于整个屏幕最突出的地方，以尽量给买家留下清晰的印象。店招主要突出最近的新品或主打店铺特色介绍。

2. 优惠券

优惠券专区是店铺的常规促销区。优惠形式多样，一般是卖家发放的。例如，买家在购买商品或服务时，可享受折扣、满减等优惠。一般优惠券的面额为 3 元、5 元、10 元等。

3. 主推爆款

爆款商品可以通过轮播图或促销海报的形式展现出来。

任务实施

下面以淘宝移动端店铺为例，完成店铺首页装修。

● 步骤 1　进入千牛卖家中心，选择“店铺”中的“店铺装修”选项，单击“店铺装修”下的“手机店铺装修”，打开手机店铺装修页面。单击首页相应页面右侧“操作”栏下的“装修页面”选项，即可进入手机端店铺首页页面装修，如图 3–2–4 所示。

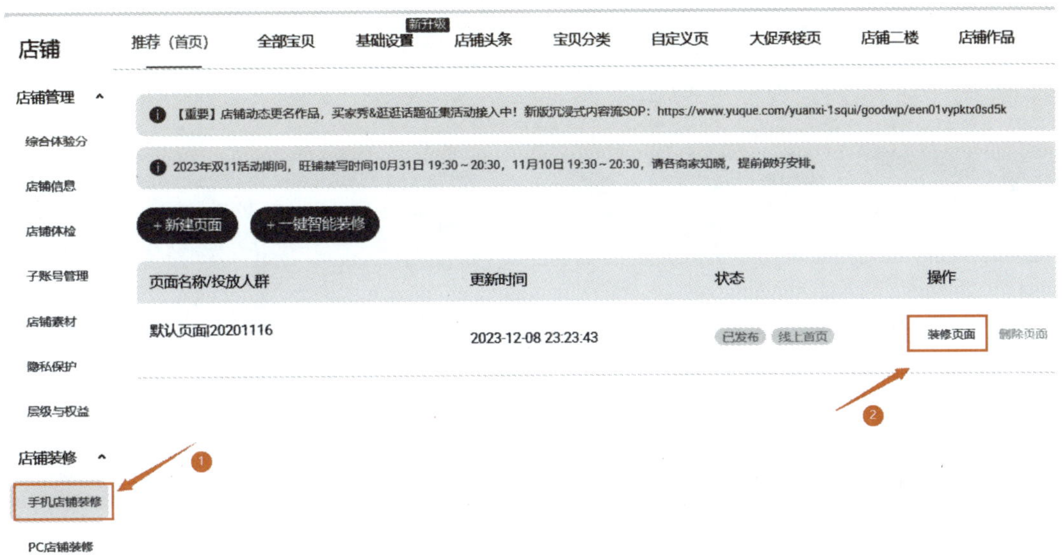

图 3–2–4　手机端店铺首页页面装修

● 步骤 2　在“页面装修”的“模块”列表中选取所需布局的模块拖到首页页面中，如图 3–2–5 所示。

● 步骤 3　添加优惠券模块的操作如下：

（1）打开店铺优惠券模块，输入模块名称，如图 3–2–6 所示。

（2）在设置优惠券数量时，选择需要添加的数量，并选取优惠券的样式，如图 3–2–7 所示。

（3）打开优惠券页面，选择对应的优惠券，然后单击“确定”按钮，如图 3–2–8 所示。

（4）依次选择所要添加的优惠券，完成后单击下面的“保存”按钮，优惠券添加即完成，如图 3–2–9 所示。

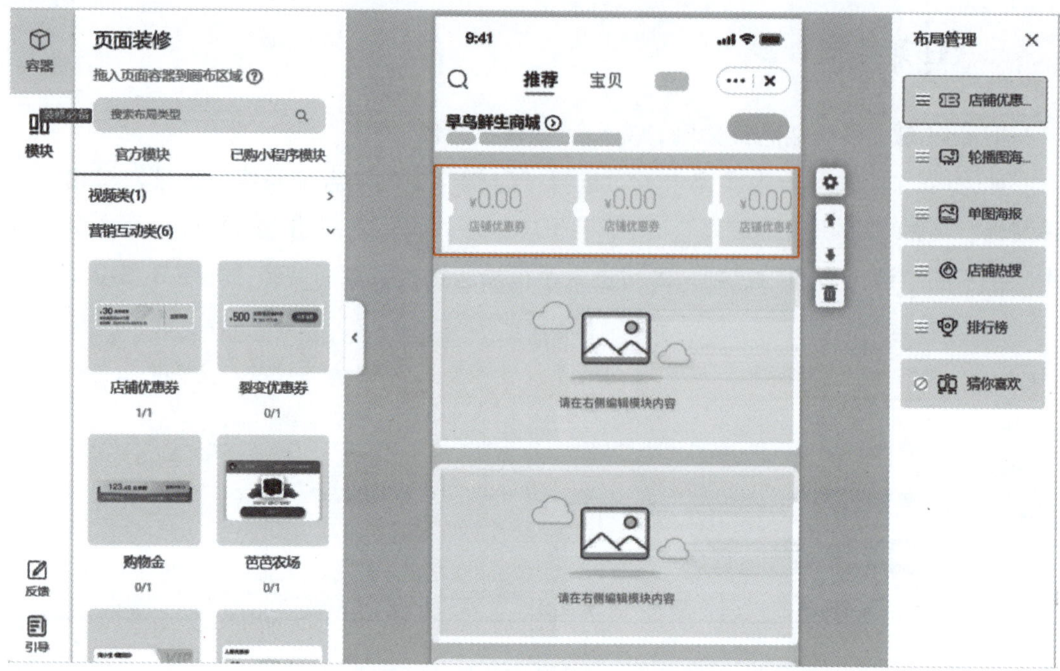

图 3-2-5　移动端首页布局

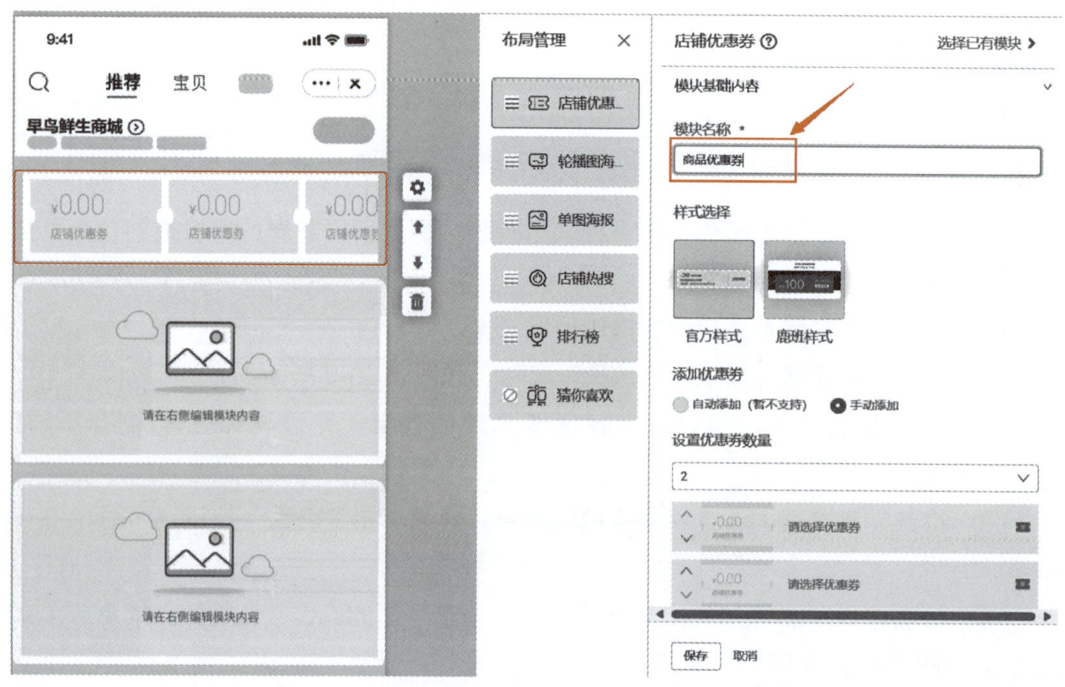

图 3-2-6　填写模块名称

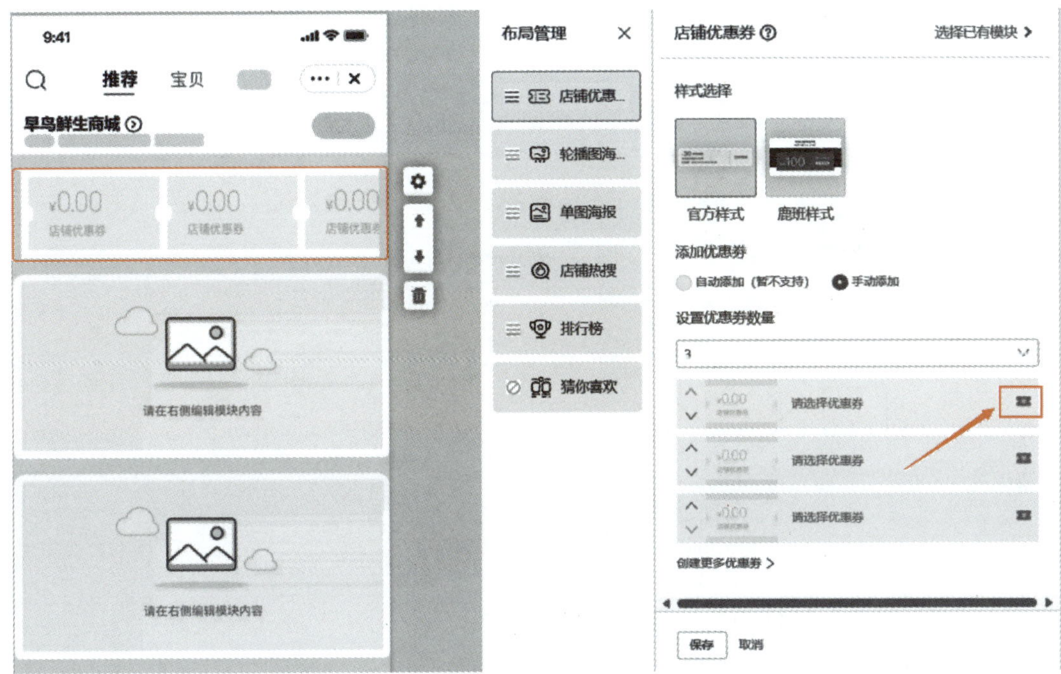

图 3-2-7 选择优惠券数量和样式

您可以使用的优惠券如下：

请确保优惠券已设置成"公开推广"或者"自主推广"。如果没有合适的优惠券，您可以马上去 添加优惠券

	名称	金额	有效期	使用限制
●	商品券1101	¥3	2024.01.29 23:59	满50元使用
○	商品优惠券1031	¥5	2023.11.01 23:59	满90元使用
○	商品券1101	¥10	2023.12.30 23:59	满200元使用

已选1张/1张优惠券

取消 确定

图 3-2-8 选择优惠券

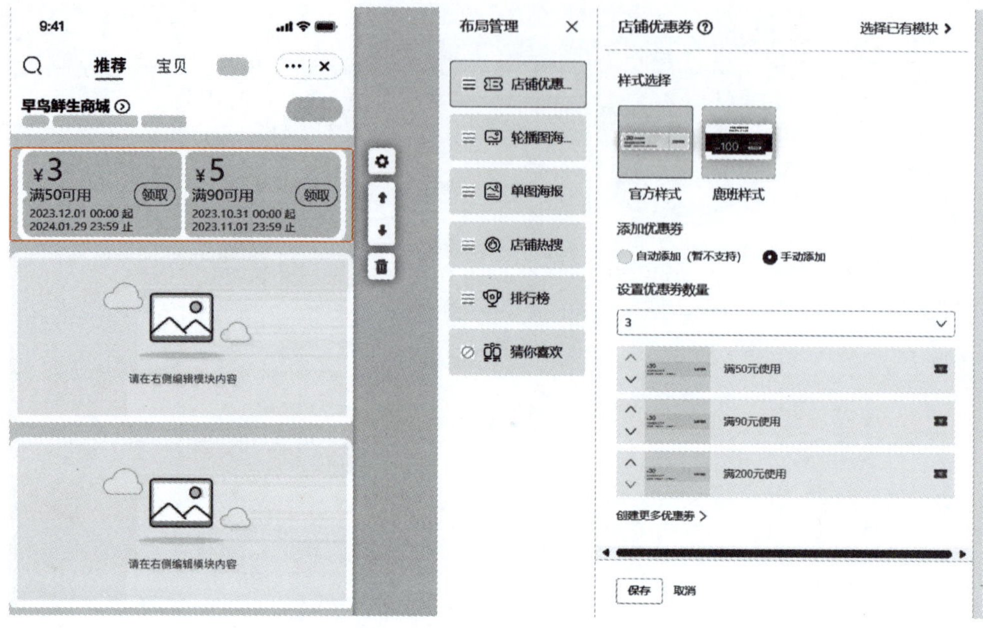

图 3-2-9　完成优惠券的添加

● 步骤 4　添加轮播图海报模块的操作如下：

打开轮播图海报模块，输入模块名称，编辑模块信息，并单击“保存”按钮，如图 3-2-10 所示。

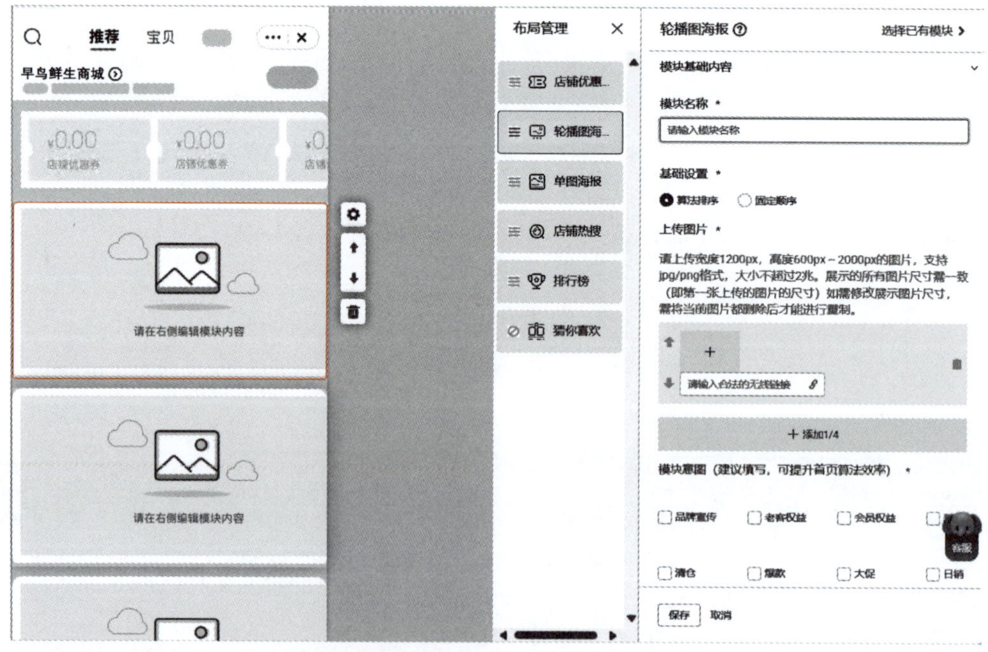

图 3-2-10　添加轮播图模块

● 步骤 5　发布页面。

在发布之前，可以单击“预览”按钮进行细节的调整，直到生成满意的页面。然后单击右上角的“发布”按钮就可以发布了，如图 3-2-11 所示。

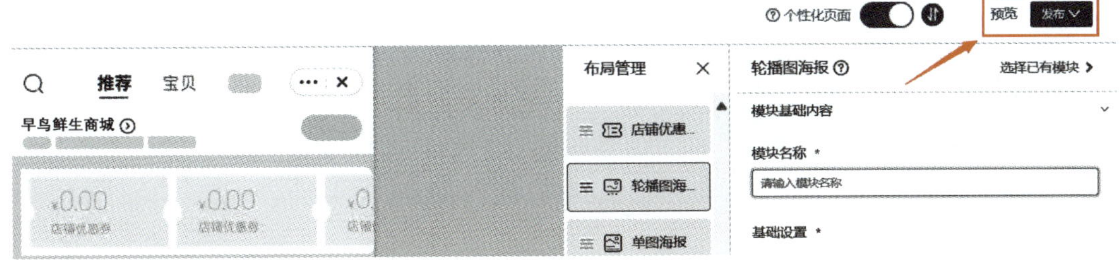

图 3-2-11　发布页面

拓展训练

在移动端店铺，将单图海报和店铺热搜模块装修到店铺首页中。

思考与练习

1. 移动端店铺装修的要点有哪些?
2. 移动端店铺装修和 PC 端店铺装修有哪些区别?
3. 移动端店铺首页常见的布局包括哪些元素?

项目四 网店管理

网店管理可以提高店铺的曝光率和可见度。随着电商平台上店铺数量的增加，竞争越来越激烈。要想吸引更多的消费者，就需要进行精细化的运营。通过优化店铺的页面设计和产品展示，提供高质量的商品图片和详尽的描述，能够增加消费者对商品的兴趣，从而增加店铺的浏览量和点击率，进而提高曝光率。网店管理主要包括网店订单管理、网店物流管理以及网店客服管理等方面。做好这些工作，有助于更好地调整店铺经营策略，提升店铺业绩，增加店铺营业额。

任务 1 网店订单管理

学习目标

● 知识目标

1. 了解常见的订单状态
2. 掌握订单交易流程

● 技能目标

1. 能对未付款的订单修改价格
2. 能处理退货退款订单

相关知识

网店订单管理主要包括订单的查看、审核、发货、退款等环节。在订单管理过程中，需要仔细核对订单信息，确保订单信息的准确性，避免发生错误。只有正确管理和处理网店订单，才能提高销售效率，增强买家的信任度和满意度。

一、订单概述

在电商所有模块中，订单模块是最为核心的模块之一，其他模块都是直接或者间接为订单模块服务的。电商系统涉及信息流、资金流、物流，而订单系统作为中枢，将三者有机地集合在一起。

订单模块是电商系统的枢纽。在订单这个环节上，需要获取来自多个模块的数据和信息，并对这些信息进行加工处理后流向下一个环节。这一系列流程就构成了订单的信息流通。

二、常见的订单状态

在淘宝店铺中，订单主要有以下几种状态，如图 4–1–1 所示。下面介绍常见订单状态的处理。

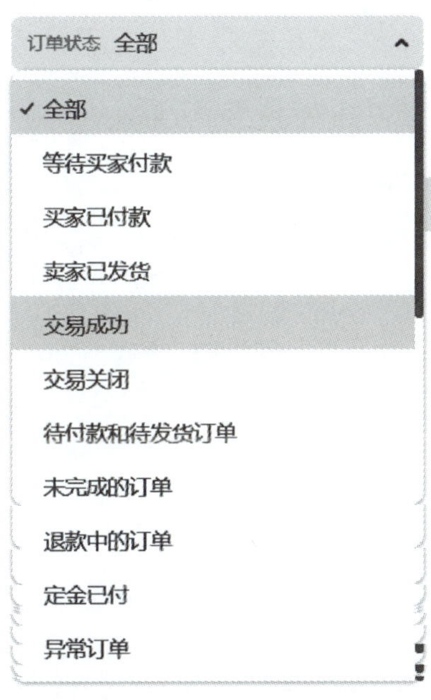

图 4–1–1 订单状态

1. 等待买家付款

等待买家付款就是买家提交订单后，尚未付款。这时，如果买家想要购买该商品，可以进行“付款”操作；如果不想购买了，也可以直接关闭交易。图 4–1–2 所示就是一个处于等待买家付款状态的订单。

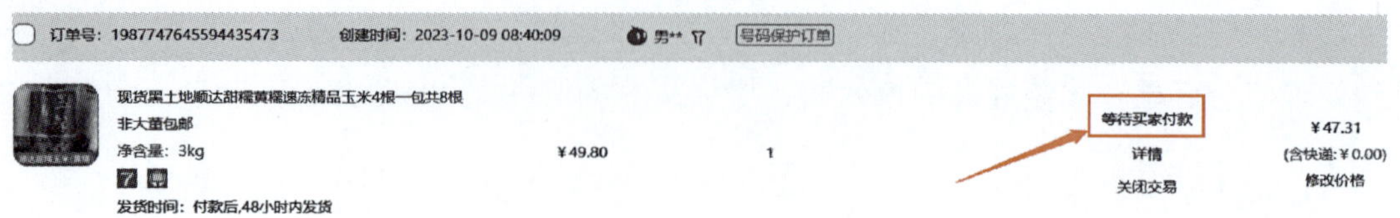

图 4-1-2　等待买家付款订单

在这个状态下，单击“等待买家付款”下的“详情”选项，可以给商品修改价格，给订单添加“备注”，或者选择“关闭交易”等操作，如图 4-1-3 所示。图 4-1-4 所示为该订单信息页面。

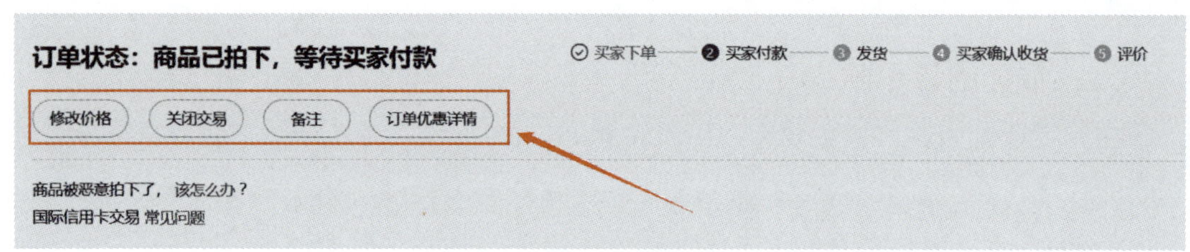

图 4-1-3　等待买家付款“详情”选项操作

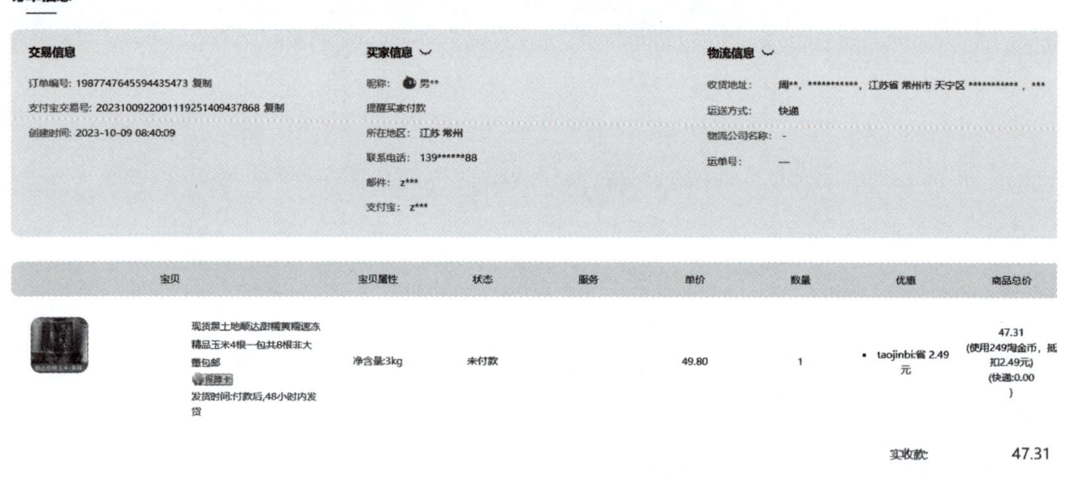

图 4-1-4　等待买家付款订单信息页面

注意：在等待买家付款状态下，一些销售虚拟商品（如手机充值、账号卡密等）的卖家可能会遭遇骗子不断催促发货。新手卖家在看到拍下的提示信息后，如果未经核实就给客户充值，可能会上当受骗。

2. 买家已付款

买家已付款是指买家已经付款到由电商平台托管的支付账户，如支付宝，但是卖家还未发货。图 4–1–5 所示为一个买家已付款的订单。

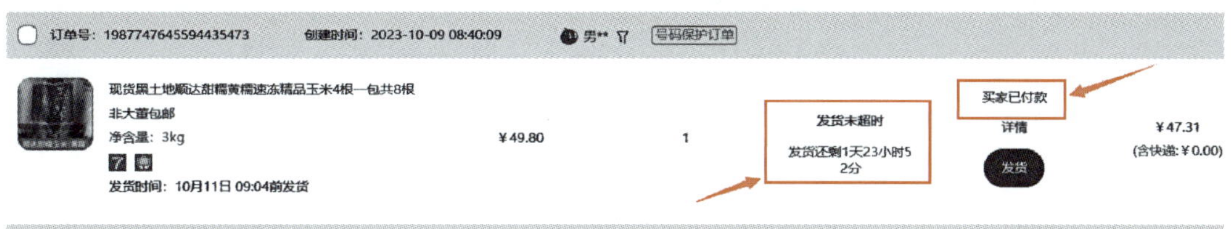

图 4–1–5　买家已付款订单

在这个状态下，单击“买家已付款”下的“详情”选项，可以给买家“发货”“修改收货地址”等，如图 4–1–6 所示。

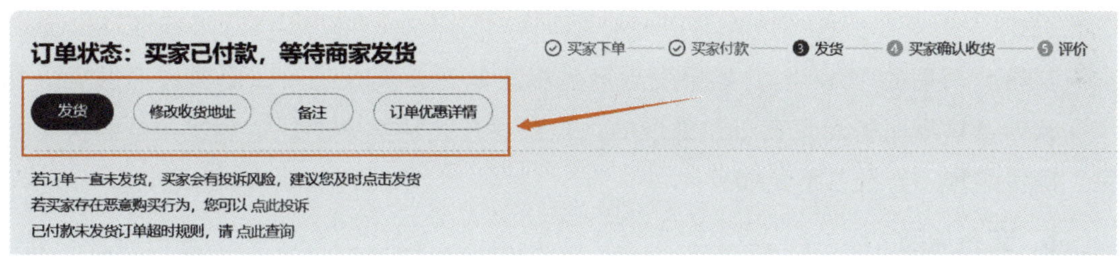

图 4–1–6　卖家已付款“详情”选项操作

3. 卖家已发货

卖家进行发货操作后，订单状态由“买家已付款”变更为“卖家已发货”，等待买家进行“确认收货”操作，如图 4–1–7 所示。当买家确认收货后，货款才会从电商平台托管的支付账户转账给卖家。

图 4–1–7　卖家已发货订单

在这个状态下，单击“卖家已发货”下的“详情”选项，可以设置“延长收货时间”“补发货”等操作，如图 4–1–8 所示。

4. 交易成功

当交易完成，货款已经转账给卖家后，订单会显示“交易成功”状态，这表明一笔订单的交易全部完成了。图 4–1–9 所示为一个交易成功的订单。

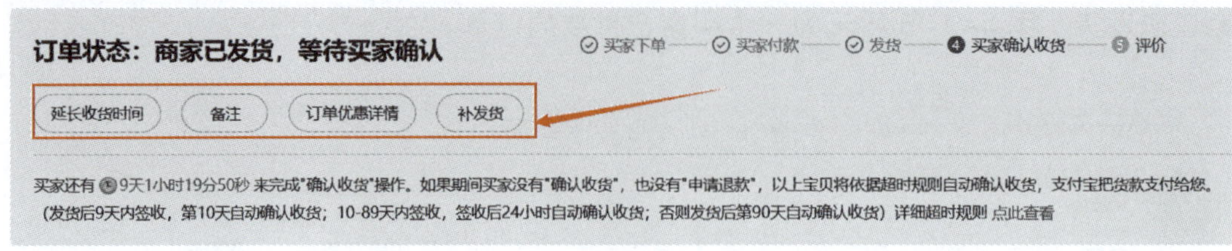

图 4-1-8　卖家已发货“详情”选项操作

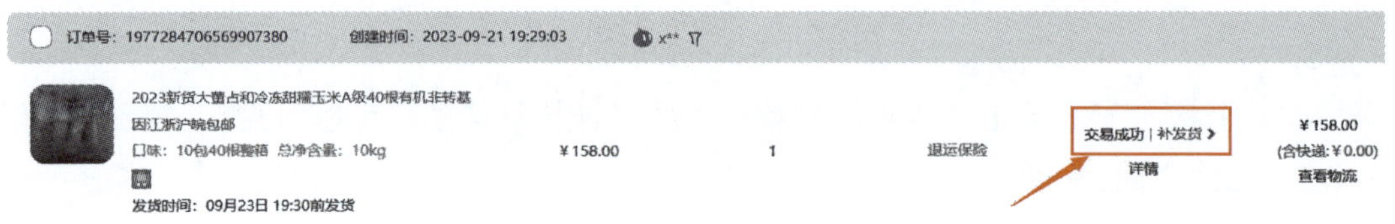

图 4-1-9　交易成功订单

交易成功后的 15 天内，如果发现商品存在问题，买家还可以申请售后服务。如果买家申请售后服务而卖家不予处理的，电商平台会从卖家的保证金里扣款赔付给买家，确保买家正当权益不受损害。

5. 交易关闭

买家拍下商品但一直未付款，7 天后交易将会自动关闭。另外，如果订单中所有商品都已退货，并且退货流程完成后，交易状态将变成“交易关闭”，如图 4-1-10 所示。

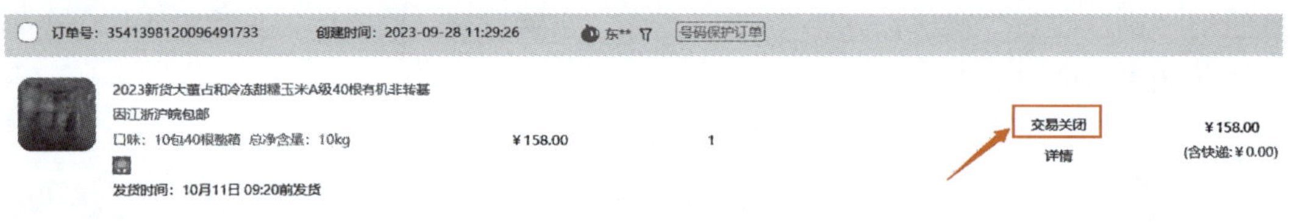

图 4-1-10　交易关闭

6. 退款

售后同样存在多种状态。一种是买家在付款后但卖家未发货前申请退款；另一种是卖家发货后，买家申请退款。图 4-1-11 所示是一个完成退款流程、退款成功的订单。

在这个状态下，单击“交易关闭”下的“详情”选项，可以查看“退款成功”的具体情况。如果卖家未发货，买家申请退款，平台会立即退款给买家，如图 4-1-12 所示。

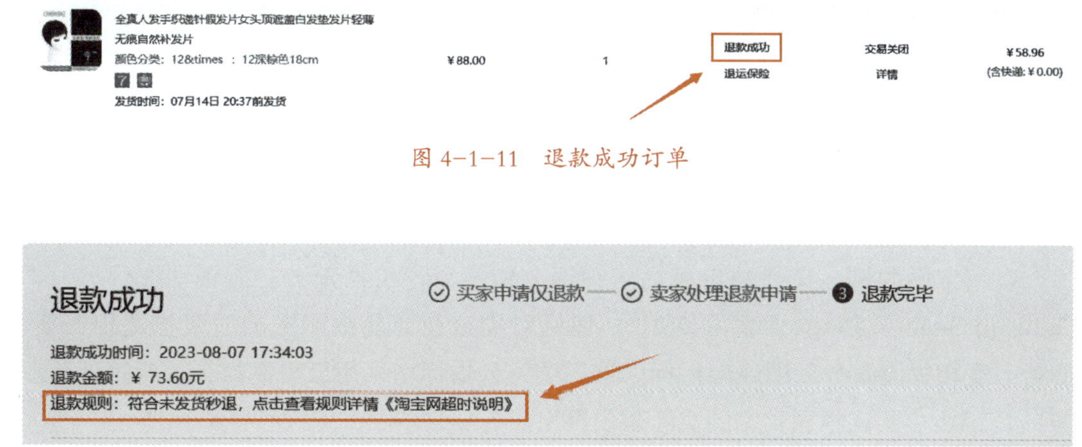

图 4-1-11　退款成功订单

图 4-1-12　未发货退款成功

如果卖家已发货，买家收货后发现货物不满意，可以申请退货退款。图 4-1-13 所示为订单退款退货流程完成，退款成功。

我是卖家 › 交易管理 › 退款管理 › 退款售后详情

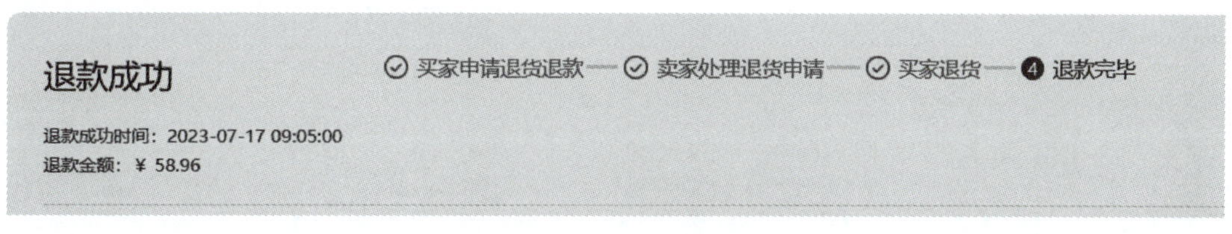

图 4-1-13　退货退款成功

三、订单交易流程

1. 正常订单的交易流程

（1）买家下单：选择商品并拍下，随后完成付款。

（2）卖家发货：根据买家提供的地址发货，并在订单详情中填写运单号。

（3）买家确认收货：买家收到货物后，需在平台上点击“确认收货”。

（4）买卖双方互评：买家为卖家的服务和商品留下评价，卖家也为买家的交易行为留下评价。

2. 异常的订单处理流程

（1）运输中买家提出退款申请：如果买家在货物运送途中提出请求，卖家将尝试拦截快递。若拦截成功，买家将直接获得退款；若拦截失败，卖家会通知买家收货后寄回商品，并按照退货退款流程处理。

（2）收货后退货：如果买家收到货物后决定不要，可直接联系客服人员启动退货退款流程。

在处理异常订单时，卖家应确保及时与买家沟通，提供明确可行的解决方案，以维护良好的客户关系和店铺声誉。

四、交易评价

以淘宝网为例，交易评价包括店铺评分和信用评价两部分。店铺动态评分，即 Detailed Seller Ratings（缩写 DSR），包括对卖家在商品或服务的质量描述相符度、服务态度和物流服务三项评分指标。这三项评分指标均采用五星制打分。店铺评分即店铺 DSR，由买家根据卖家的实际表现评出。

信用评价是由买卖双方相互进行的评价，包括信用积分和评论内容两部分。买家和卖家可以在交易完成后对彼此的交易行为进行评价。

要查看店铺的 DSR 评分情况，可以登录淘宝网首页，然后依次点击“千牛工作台”，选择“交易”中的“订单管理”选项，点击“评价管理”选项，选择“数据概览”，即可看到店铺的 DSR 评分情况，如图 4-1-14 所示。

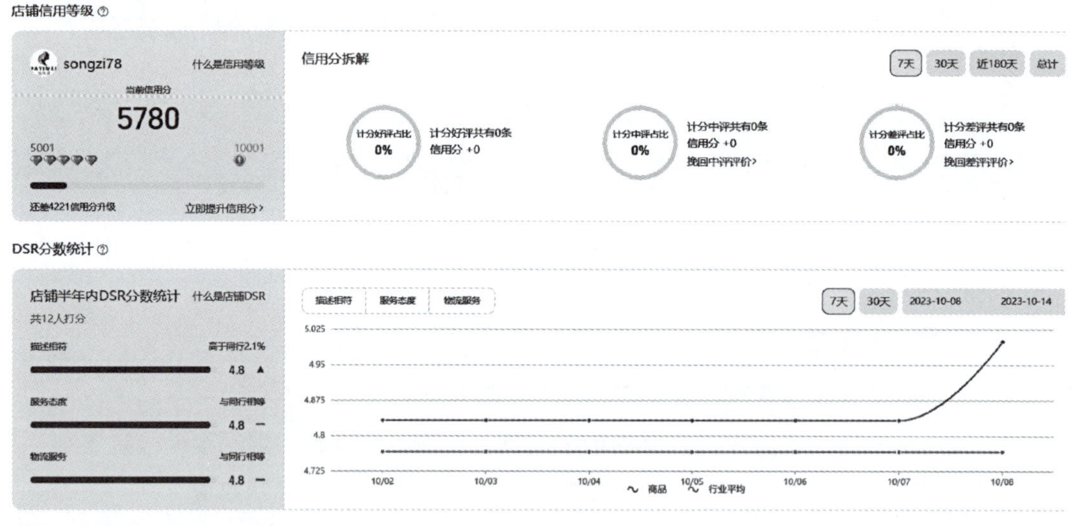

图 4-1-14　店铺 DSR

五、订单管理中的常见问题

在订单管理和处理过程中，需要注意以下几点：

1. 核对订单信息

在审核订单时，务必仔细核对订单信息，确保其准确无误，以避免后续出现错误。

2. 选择合适的物流公司

发货时，应选择信誉良好、服务可靠的物流公司，并及时更新订单状态，以便买家能够方便地查询物流信息。

3. 及时处理退款事宜

面对退款问题，需迅速与买家取得联系，了解退款的具体原因，并尽快妥善处理退款事宜。

4. 高效处理售后问题

在售后服务环节，应积极响应买家的投诉和提出的问题，及时解决他们的不满和疑虑，提升客户满意度。

5. 确保账号安全

在处理订单时，务必重视账号安全，采取必要措施防止账号被盗用或者遭受黑客攻击。

任务实施

一、订单改价

● 步骤 1　登录千牛工作台，进入卖家中心，选择“交易”中的“订单管理”选项，单击“已卖出的宝贝”选项，查看“近三个月订单”的状态，如图 4-1-15 所示。

图 4-1-15　订单状态

● 步骤 2 在订单管理中，查看买家拍下的商品订单详情，确认交易状态是等待买家付款后，单击“修改价格”选项，如图 4-1-16 所示。

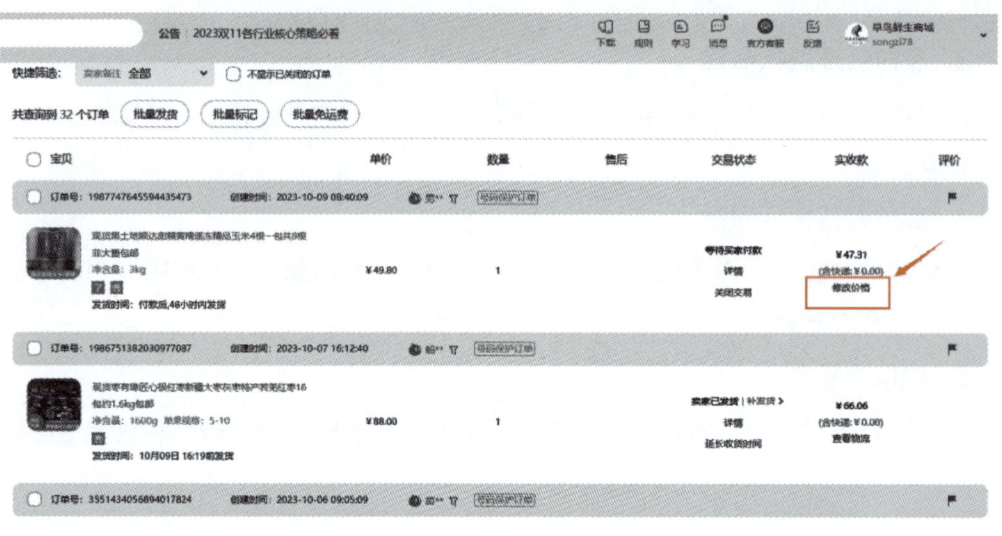

图 4-1-16 单击“修改价格”选项

● 步骤 3 通过涨价或折扣来调整商品的优惠金额，同时可以修改运费。修改完成后，单击“确认提交”按钮，如图 4-1-17 所示。

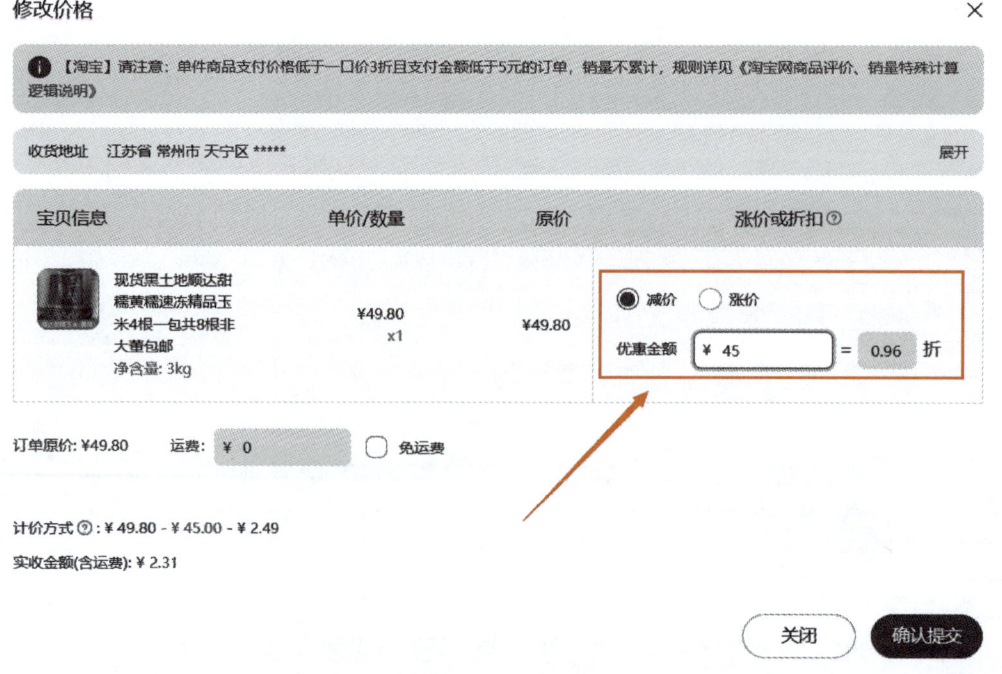

图 4-1-17 修改价格

二、退货退款订单处理

● 步骤 1　在卖家中心，选择“交易”中的“订单管理”，单击“订单管理”中的“退款管理”选项，可以查看退款订单，如图 4–1–18 所示。

图 4–1–18　退款管理页面

● 步骤 2　单击订单右侧的“退款待处理”选项，查看退款订单详情，如图 4–1–19 所示。

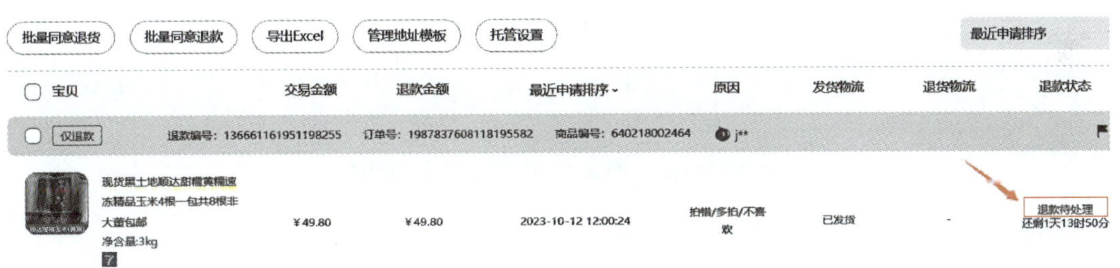

图 4–1–19　单击“退款待处理”选项

● 步骤 3　在退款售后详情页面处理退款申请。若是处理仅退款申请，需核实退款原因及订单情况，确认无误后，单击“同意退款”按钮，直接将订单金额退还给买家，如图 4–1–20 所示。若是处理退货退款申请，同样需核实退款原因及订单情况，确认无误后，单击“同意退货，发送退货地址”按钮，并通过旺旺或千牛将退款地址和注意事项发送给买家，如图 4–1–21 所示。

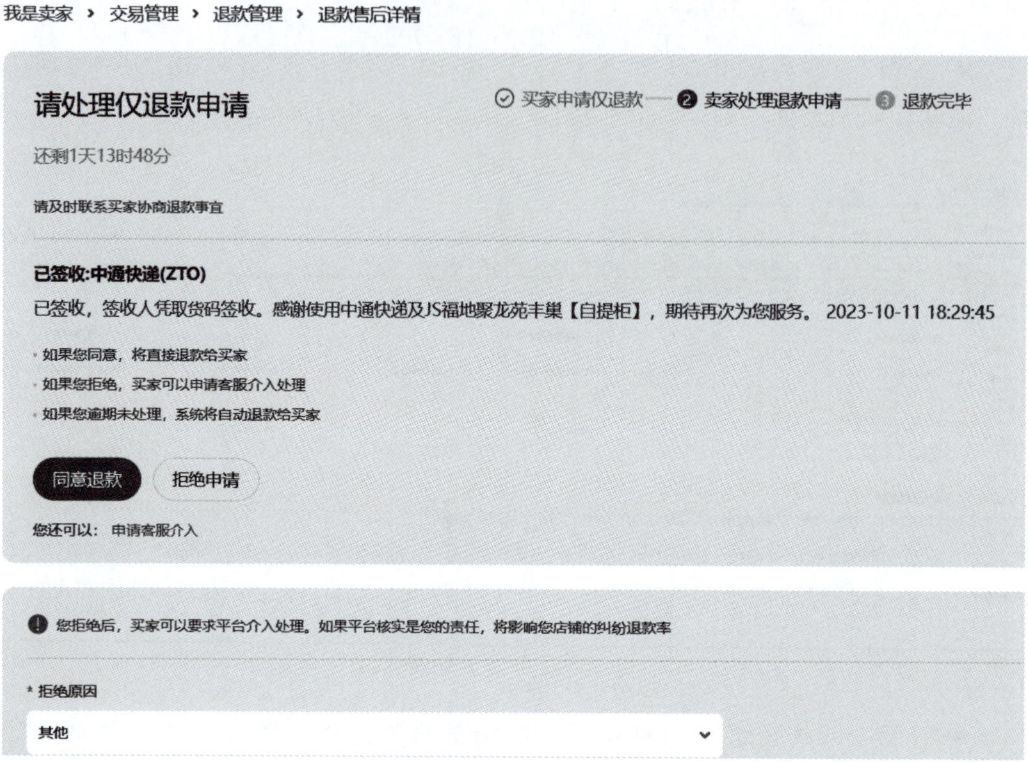

我是卖家 › 交易管理 › 退款管理 › 退款售后详情
请处理仅退款申请
买家申请仅退款
2 卖家处理退款申请
3 退款完毕
还剩1天13时48分
请及时联系买家协商退款事宜
已签收:中通快递(ZTO)
已签收，签收人凭取货码签收。感谢使用中通快递及JS福地聚龙苑丰巢【自提柜】，期待再次为您服务。 2023-10-11 18:29:45
如果您同意，将直接退款给买家
如果您拒绝，买家可以申请客服介入处理
如果您逾期未处理，系统将自动退款给买家
同意退款
拒绝申请
您还可以： 申请客服介入
您拒绝后，买家可以要求平台介入处理。如果平台核实是您的责任，将影响您店铺的纠纷退款率
* 拒绝原因
其他

图 4-1-20　处理仅退款申请

您的位置： 首页> 我的淘宝> 已卖出的宝贝
买家申请退货退款
2 卖家处理退货申请
3 买家退货给卖家
4 卖家确认收货，退款完成
退货退款申请
缩裤脚米奇法兰绒家居服 ...
买 家：
充值中心
给我留言
订单编号：
单 价：76.00 元 * 1(数量)
快 递：0.00 元
订单保障：
退款编号：72771224982064
请处理退货申请
倒计时：04 天 23 时 13 分 36 秒
如果同意申请，请发送正确退货地址给买家。
如果拒绝申请，买家有权要求淘宝介入处理。
如果您逾期未响应申请，视作同意买家申请，系统自动将您的默认退货地址发给买家。
同意退货，发送退货地址
您还可以： 拒绝退货申请 | 申请介入

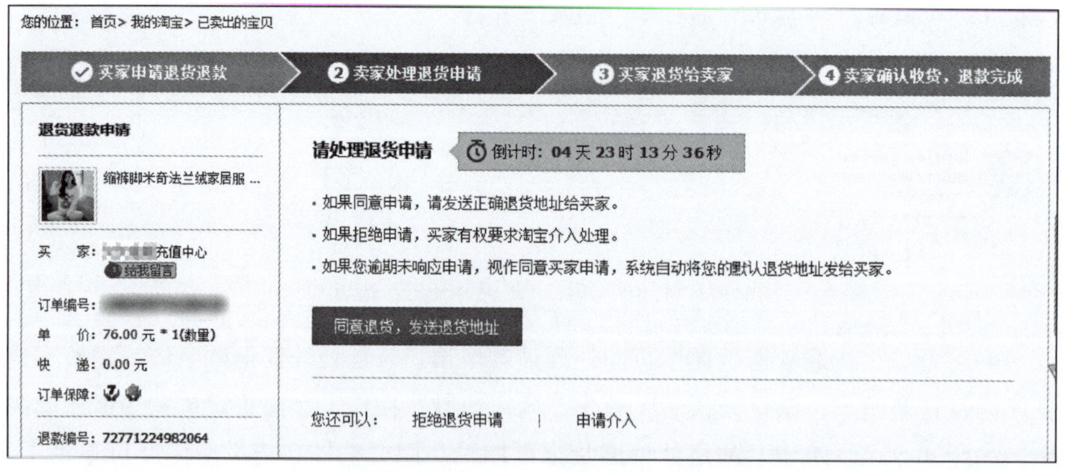

图 4-1-21　处理退货退款申请

如果卖家不同意退货，选择“拒绝退货申请”或“申请介入”等方式处理。

● 步骤 4　在退货地址栏中，选择一个退货地址，输入退货说明，并单击“发送退货地址”按钮，如图 4-1-22 所示。

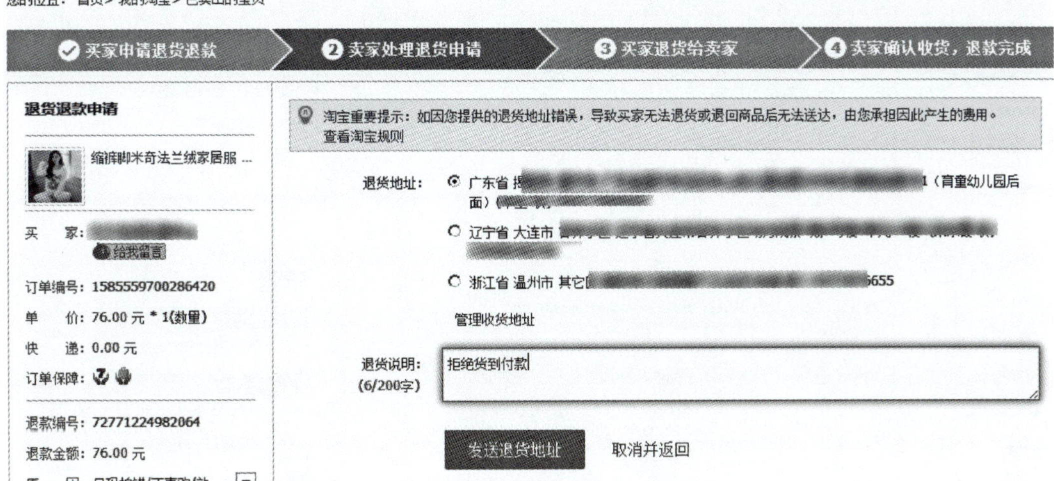

图 4-1-22　发送退货地址

● 步骤 5　当收到退货并确认商品无损后，进入退款页面，单击“确认收货并打款”按钮，如图 4-1-23 所示。

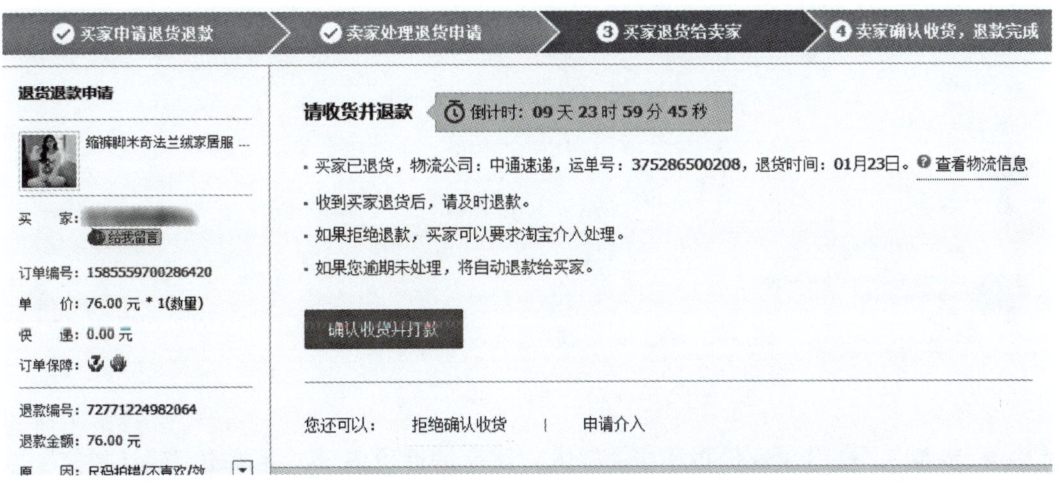

图 4-1-23　确认收货并打款

三、交易评价管理

● 步骤 1　在卖家中心，选择“交易”中的“订单管理”选项，单击“订单管理”下的“评价管理”选项，进入评价管理页面，如图 4-1-24 所示。

● 步骤 2　在评价管理页面中，单击“待卖家评价”，进入评价页面，选择需评价的订单，单击订单右侧“评价”按钮，如图 4-1-25 所示。

图 4-1-24　评价管理页面

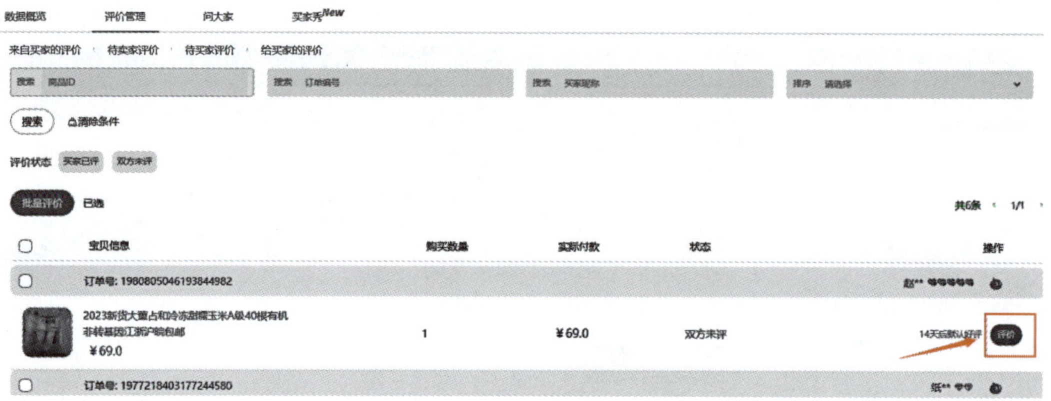

图 4-1-25　单击“评价”按钮

● 步骤 3　在订单评价页面中，输入对买家的评价内容，并单击“确认提交”按钮，如图 4-1-26 所示，即可完成对买家的评价。

拓展训练

在卖家发货前，如果买家提出修改收货地址请求，应如何在订单管理中进行操作？

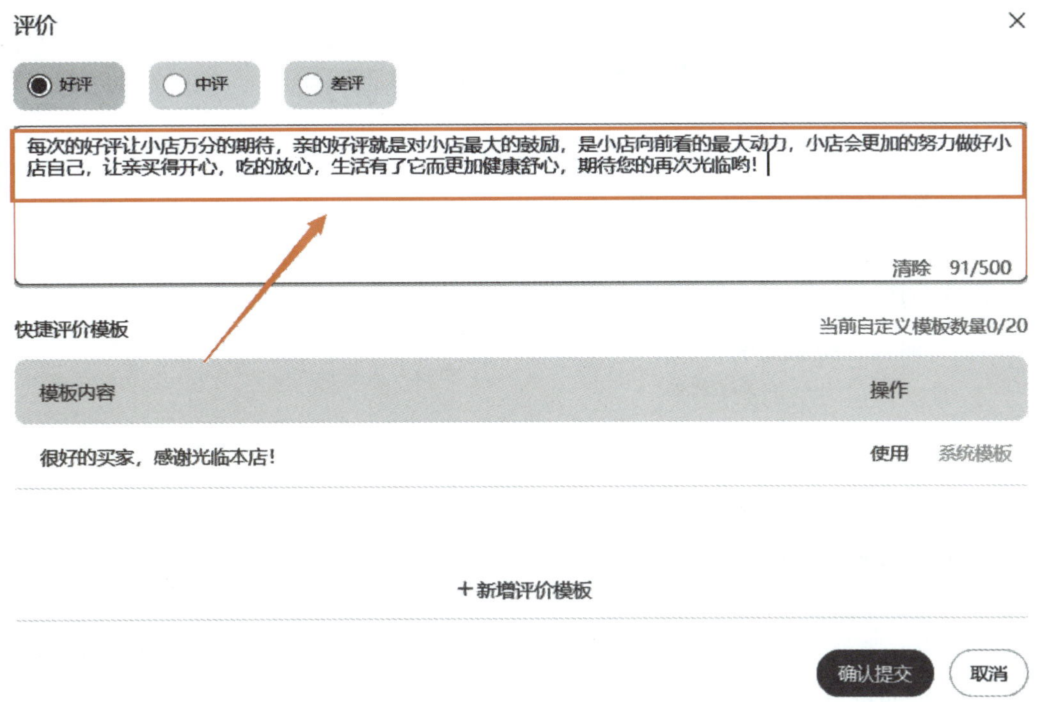

图 4-1-26　对买家的评价

思考与练习

1. 常见的订单状态有哪些？
2. 正常订单的交易流程是什么？
3. 某平台网店的某款商品近期收到了大量一致的好评，但部分买家在私下交流中反映，这些好评可能是卖家通过刷单、刷好评等方式获得的。同时，该商品的实际质量与评价描述存在较大差异。请分析该案例中存在哪些问题，并说明这些问题可能对电商平台和消费者造成什么影响？

任务 2　网店物流管理

学习目标

- **知识目标**

1. 了解网店物流要求
2. 掌握网店发货时效规则

- **技能目标**

1. 能选择合适的发货方式并进行发货操作
2. 能根据网店商品设置发货时效

网店物流管理是店铺运营管理中的重要环节。高效的物流可以提升客户的购物体验，为店铺的可持续发展提供动力。通过本任务的学习，可以增强大家对网店物流要求、发货方式和发货时效的认识，帮助大家在店铺运营中做好物流管理工作。

相关知识

一、网店物流要求

1. 时效

时效要求是网店物流服务最基本、最重要的要求，即在规定的时间内（根据距离和区域有所不同）将商品送达买家手中。

2. 运输保障

网店物流服务提供跟踪和保险等服务，以确保货物安全运输和及时送达。买家可以通过订单页面或平台的物流查询功能追踪自己的包裹，并在需要时与物流公司或客服人员取得联系。

3. 售后服务

如果在运输过程中出现问题，例如包裹损坏、延迟配送等，买家可以向平台官方进行投诉，并要求相应的售后服务。平台会根据具体情况提供相应的解决方案，包括退货、换货、赔偿等。

二、常见的发货方式

在电商平台上，物流配送是每个商家都要面对的重要环节。买家付款后，卖家需选择合适的发货方式，这对于卖家来说尤为重要。网店的发货方式多种多样，主要取决于卖家的业务规模、产品类型、客户需求以及成本考量。以下是一些常见的网店发货方式。

1. 快递发货

快递是最常见的发货方式之一。卖家可以选择与各大快递公司（如中通、圆通、顺丰等）合作，将商品寄送给买家。订单成功后，卖家会联系快递公司上门取件，并填写运单，确保商品能够安全、准时地送达买家手中。快递发货具有速度快、可追踪、覆盖面广等优点，能够满足买家快速收货的需求。

2. 卖家配送

卖家配送即卖家自行负责运输和配送。对于一些规模较小或特定区域的网店，自行配送可能更为合适。卖家使用自己的车辆或雇用当地配送人员，直接将商品送至买家所在地。卖家配送的好处在于能更灵活地控制配送时间和服务质量，但也需权衡运输成本和效率问题。

3. 同城配送

同城配送，又被称为“最后一公里物流”或城市“轻物流”，也指本地派送。全国联网的专业物流（快递）公司的业务侧重点不同，其中“同城配送”专注于一个城市内 A 到 B 之间（尤其是市区范围内）的物流配送，追求高速度、效率的最大化。

4. 无须物流

一些特殊的交易活动，如话费充值等虚拟商品和同城见面交易等，交易的物品（或服务）则无须物流运送。

5. 无人机配送

近年来，无人机配送逐渐兴起。虽然目前仍处于试验阶段，但一些创新型网店已经开始尝试使用无人机进行商品配送。这种方式具有速度快、灵活性强的优势，但适用范围相对较窄。

在选择发货方式时，卖家应综合考虑商品类型、客户需求、运输成本、时效要求以及自身资源等因素，确保所选发货方式能最大限度地满足客户需求，同时保持合理的成本控制。此外，无论选择哪一种发货方式，卖家都应确保商品能够安全、准时送达买家手中，并提供优质的售后服务。

三、发货时效

1. 发货时效的概念

发货时效是指卖家在接到买家的订单后，将商品从仓库或发货地点发出，并在规定的时间内送达买家手中的时间周期。依据淘宝平台规则，一般类目商品可设置48小时内的发货时间，而部分特殊类目商品则可通过全款预售或分阶段预售的方式，设置超过48小时的发货时间。

2. 发货超时的影响

发货超时会对卖家和买家双方产生一系列的影响，具体影响如下：

（1）对卖家的影响

信誉影响：发货超时将降低卖家的信誉度，进而损害店铺的口碑和客户信任。

惩罚措施：平台会对发货超时的卖家采取惩罚措施，如降低店铺的搜索排名、限制参与平台活动等。

（2）对买家的影响

延误收货：发货超时将导致买家收货时间延长，影响其使用体验。

不满意度增加：买家可能因发货超时对卖家服务产生不满，进而降低对店铺和商品的评价。

（3）对交易流程的影响

物流延迟：发货超时会导致物流时间延长，延迟买家收到商品的时间。

交易纠纷风险增加：发货超时可能导致买家提出退款、投诉等纠纷，增加交易的风险和不确定性。

为避免发货超时带来的不良影响，卖家应确保及时处理订单、准备商品，并选择合适的物流渠道进行发货。

3. 发货时效规则及赔付标准

（1）延迟发货

卖家未在约定的发货时间内完成发货，视为延迟发货。淘宝延迟发货的赔偿计算方式为：卖家需向买家支付该商品实际成交金额的5%作为违约金，且金额最低不少于1元，最高不超过30元。若卖家未在规定时间内支付违约金，除须赔偿违约金外，每次还将被扣3分。如果买家发起投诉后，卖家在平台介入且判定投诉成立前主动支付该违约金的，则平台介入将不作扣分处理。

需要注意的是，具体的赔偿金额和规则可能会根据淘宝平台的具体政策以及买卖双方的协商而有所变化。在实际操作中，如果遇到问题，建议买家及时与卖家沟通，并咨询淘宝平台客服，以获取更准确的指导。

（2）缺货

订单延迟发货后的 72 小时内仍未发货，或卖家承认缺货、拒绝发货、要求加价发货的，均视为缺货。需向买家赔付该商品实际成交金额的 30%，且赔付金额最高不超过 100 元，最低不少于 5 元。

（3）虚假发货

卖家在发货过程中，若对应的物流信息存在明显异常或未真实发出应交付的商品，视为虚假发货。卖家虚假发货包含但不限于以下情形：

①订单按发货时间认定标准显示“已揽收 / 揽件”等信息后 24 小时内无任何物流更新记录的。

②物流信息与买家实际收货地址不符。

③其他异常情形。

出现虚假发货的，需向买家赔付该商品实际成交金额的 30%，且赔付金额最高不超过 100 元，最低不少于 5 元。

任务实施

以淘宝店铺为例，完成以下物流服务操作。

一、发货操作

● 步骤 1　在千牛卖家中心，选择“交易”中的“订单管理”选项，单击“订单管理”下的“已卖出的宝贝”选项，在已卖出的商品右侧单击“发货”按钮，如图 4-2-1 所示。

● 步骤 2　在发货页面，选择发货方式为“自己联系物流”，添加物流单号，选择物流公司，单击“确认并发货”按钮，如图 4-2-2 所示。

● 步骤 3　发货成功，在卖出的商品页面单击“查看物流”选项，如图 4-2-3 所示。

● 步骤 4　进入物流详情页面，查看物流动态，跟踪商品运输路线，如图 4-2-4 所示。

二、发货时效设置

在千牛卖家中心，选择“商品”中的“商品管理”，单击“商品管理”下的“发布宝贝”选项或“我的宝贝”选项，然后找到待发货订单，单击其右侧“编辑商品”选项，在基础信息中设置发货时效，如图 4-2-5 所示。

图 4-2-1　单击“发货”按钮

图 4-2-2　选择发货方式等发货操作

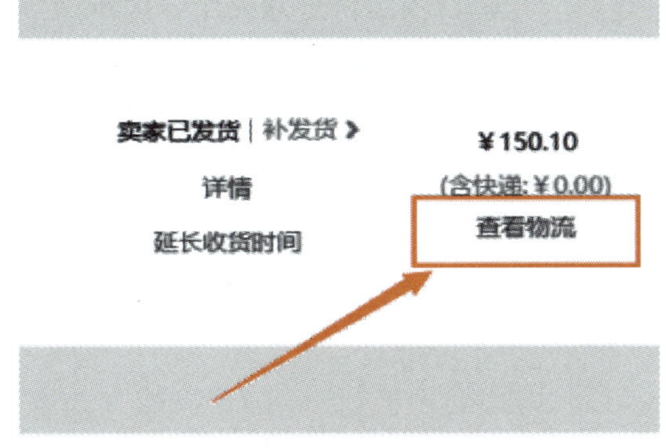

图 4-2-3　单击“查看物流”选项

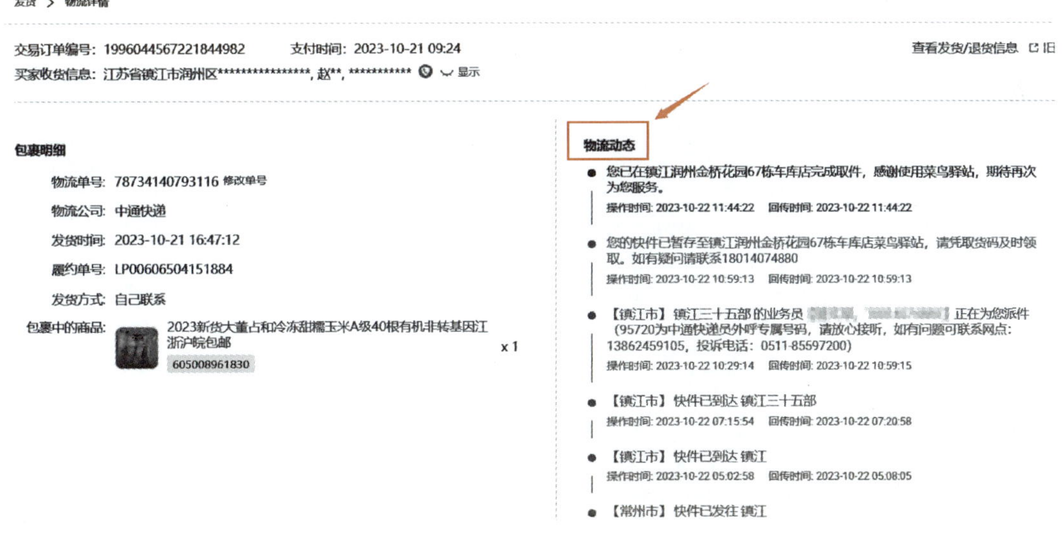

图 4-2-4　查看物流动态

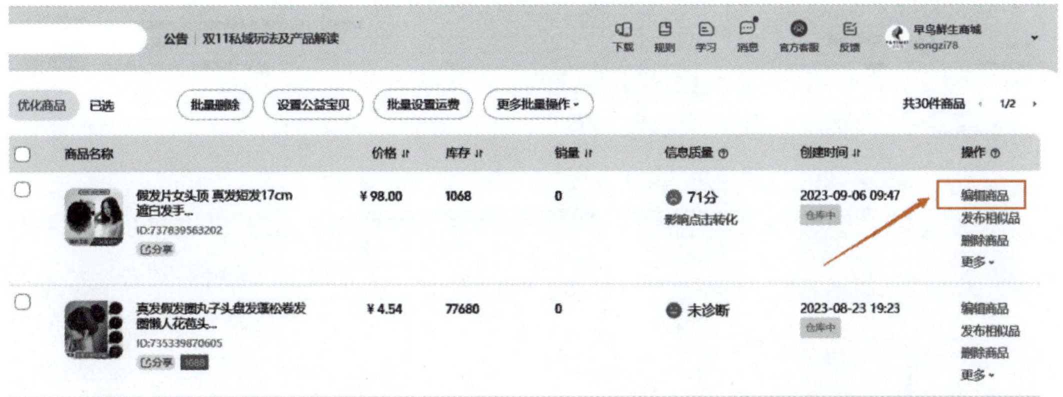

图 4-2-5　单击“编辑商品”选项

淘宝平台已默认勾选 48 小时发货，卖家可根据实际情况选择商品发货时间。

（1）一般类目可选择 24 小时内发货或 48 小时内发货，如图 4-2-6 所示。

平台默认48小时发货，同时您可根据商品实际库存进行自定义发货时间。如果违背发货时效承诺，将会受到平台处罚。具体可点击查看违背承诺规则
点击查看发货时效设置指南。若需要更长发货时效，请在发布商品后设置分阶段预售；也可以在消费者下单后自行约定发货时间
24小时内发货　48小时内发货　大于48小时发货

图 4-2-6　选择商品发货时间

（2）部分类目商品可通过全款预售或分阶段预售的方式设置 48 小时以上的发货时间，如图 4-2-7 所示。需注意的是，目前不是所有类目都开放了预售设置功能，若原类目本身没有高级预售入口，那么在新入口也是无法设置的。具体开放类目及可设置的发货时间以商品页面提示为准。

平台默认48小时发货，同时您可根据商品实际库存进行自定义发货时间。如果违背发货时效承诺，将会受到平台处罚。具体可点击查看违背承诺规则
点击查看发货时效设置指南。若需要更长发货时效，请在发布商品后设置分阶段预售；也可以在消费者下单后自行约定发货时间
24小时内发货　48小时内发货　大于48小时发货
7　天内发货
发货时间大于48h请选择「大于48小时发货」，消费者一次性付款，您需要按照约定时间发货，逾期将承担延迟发货责任。点击查看详情

图 4-2-7　设置大于 48 小时发货

拓展训练

在网店后台找到待发货的订单，选择发货方式中的“商家配送”，完成订单的发货，如图 4-2-8 所示。

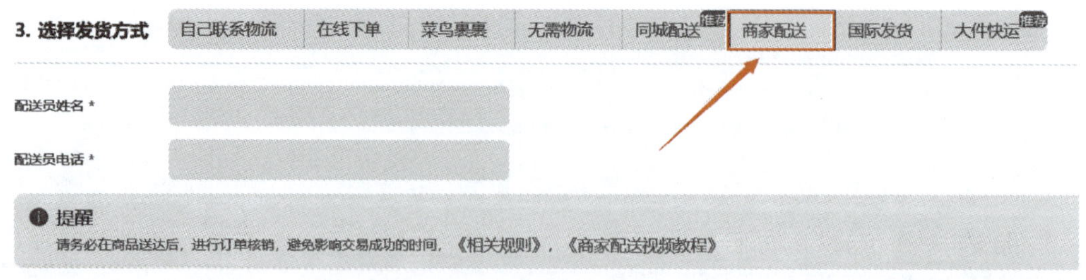

图 4-2-8　商家配送

思考与练习

1. 网店在选择物流公司时需考虑哪些关键因素?
2. 常见的发货方式有哪些?
3. 发货时效规则有哪些?
4. 某网店近期收到多起买家投诉，反映收到的商品包装简陋，导致商品在运输过程中出现损坏，且物流速度较慢，买家等待时间过长。试分析该网店应采取哪些措施来提升物流速度和服务质量。

项目五
网店数据收集与整理

网店数据收集与整理是网店运营中基于对于店铺数据或商品数据的需求，通过可靠的数据源，采用合适的采集方式，以获得相关的运营数据信息，并对这些数据进行整理，为后续网店数据分析提供数据支持。

任务1　网店数据收集

学习目标

- 知识目标

1. 了解网店数据流量来源
2. 掌握网店数据指标

- 技能目标

1. 能使用生意参谋查看数据
2. 能完成淘宝店铺数据收集

相关知识

网店数据收集是指利用生意参谋等工具，对电商平台上的流量数据、交易数据等进行收集。

一、网店数据流量来源

流量是指通过站内或者站外的方式进入店铺的浏览量或者点击量，也可以称为人流量，但它与访客数据有区别。访客数据指的是用户数量，而流量则记录了每一次的浏览和进入店铺的点击行为。通常，流量数据会比访客数据大很多，因为流量数据会统计某个时间段内的所有浏览量和点击量，比如 7 天、15 天、30 天等。

流量来源主要分为免费流量、付费流量和老客户流量三种。

1. 免费流量

免费流量主要包含搜索流量、类目流量和活动流量等。

（1）搜索流量是免费流量最核心的部分。消费者通过在电商平台搜索关键词看到商品，并产生点击，就带来了一个免费的自然搜索流量。

（2）类目流量是指用户通过电商平台首页的分类入口单击进入商品详情页所产生的流量。相较于搜索流量，其转化率会偏低。

（3）活动流量来源于电商平台官方活动，如“618”活动、“双十一”活动等。卖家可以根据自己的商品特性适当参加平台活动，但是活动带来的流量可能会起伏不定。

2. 付费流量

付费流量是通过付费将商品投放到对应的展示位置上。付费流量来源主要包括以下几种渠道：

（1）搜索引擎广告

通过在搜索引擎中投放关键词广告，网店可以在用户搜索相关词汇时展示自己的产品或服务。这种广告方式通常基于竞价排名，商家需为每次点击付费。

（2）社交媒体广告

网店在社交媒体平台上投放广告，利用平台的用户基础和算法进行精准定位，将广告展示给目标受众。这种广告形式包括图文、视频等多种形式，商家需根据平台规则支付广告费用。

（3）联盟营销

联盟营销是指与其他网站或平台合作，通过在其上展示网店广告或链接，引导用户访问并购买商品。商家需按照约定的方式支付佣金给合作伙伴。

（4）电子邮件营销

网店通过发送电子邮件给潜在客户或现有客户，推广网店的产品或服务。商家需为邮件发送和可能的点击（或转化）付费。

（5）视频广告

网店可以在各大视频平台或网站上投放视频广告，展示网店的产品或服务。商家

需按照视频平台的计费规则支付广告费用。

此外，针对淘宝等电商平台，还有以下特定的付费流量来源。

（1）直通车是一种展现免费而点击扣费的推广工具，它主要根据商品设置的关键词将商品推送给潜在客户，从而实现精准推广。由于直通车具有不点击不扣费、精准推广的特点，因而成为大多数商家首选的付费工具。

（2）钻石展位是将商品投放到搜索过某个关键词的用户的“猜你喜欢”界面中。

（3）万相台是根据卖家的目标进行全域推广的工具。

3. 老客户流量

老客户流量一般指通过购物车、店铺收藏、商品收藏等方式直接访问的流量，而访问的对象很大概率是店铺的老客户。老客户通常是店铺的回头客或忠实顾客，因而成交转化率会较高。商家需要维护好与这部分客户的关系。因为从成本角度来看，获取一个新客户的成本往往比维护一个老客户的成本要高得多。因此，商家做好客户关系管理是十分重要的。

二、网店数据指标

1. 流量数据指标

流量数据指标主要是指商品在电商平台展示过程中的一些核心指标，包括访客数、浏览量、入店转化率等。这些指标能够反映店铺的流量来源、用户行为以及访客转化情况，是分析网站、应用程序或其他在线平台流量情况的重要依据，有助于优化店铺的推广策略和流量引导方式。以下是一些常见的流量数据指标及其含义：

（1）访客数（Unique Visitor，UV）：指访问店铺的独立客户数量，即不重复计算的用户数。访客数增加，可能是由于店铺通过自然搜索或对外推广带来的新用户增多，或是回头客的维护效果较好。

（2）浏览量（Page View，PV）：指店铺各页面被浏览的总次数。它是衡量网站用户访问网页数量的重要指标。通常，店铺商品种类丰富、布局合理，且符合当季市场需求，能吸引客户持续点击店铺的页面；同时，有效的营销推广也能持续带来客户访问。

（3）转化率（Conversion Rate，CR）：指所有到达店铺并产生购买行为的客户数与所有到达店铺的客户数之比。计算方法为：转化率 =（产生购买行为的客户人数 ÷ 所有到达店铺的客户人数）× 100%。提高全店成交转化率的因素包括：商品图文细节吸引人，价格和运费相较同类商品更优惠，店铺信用等级高，客服服务周到，客户评价良好，以及店铺装修和页面布局的优化。

跳失率：指只浏览了一个页面就离开的访问次数与该页面的总访问次数之比。

2. 交易数据指标

交易数据指标包括订单量、成交额、客单价等。这些指标能够反映店铺的销售情况，为销售策略的调整和优化提供依据。常见的交易数据指标及其含义如下：

（1）订单量：指统计周期内客户完成支付的订单总数。

（2）成交额：指网店在一定时间内通过销售商品或提供服务所获得的总收入，是衡量网店业绩和市场占有率的重要指标。

（3）客单价：指每个客户的平均成交金额。计算方法为：客单价 = 成交金额 ÷ 成交用户数。客单价提高，可能是由于搭配销售有效、回头客运营良好、客户购买的商品数量增加，或价格较高的商品销售良好。客单价是衡量店铺销售效果的客观指标，商家可根据该指标的变化趋势调整商品的促销策略。

三、网店数据收集工具

网店数据收集工具在电商行业中扮演着至关重要的角色，能够帮助商家快速、准确地收集和分析各类关键数据，进而优化运营策略，提升销售业绩。以下是一些常用的网店数据收集工具。

1. 生意参谋

生意参谋是淘宝网官方提供的综合性数据分析平台，它不仅是店铺数据的重要来源渠道，同时也是淘宝平台商家的重要数据采集工具，能为淘宝商家提供流量、商品、交易等网店经营全链路的数据展示、分析、解读、预测等功能。图 5-1-1 所示为生意参谋首页。

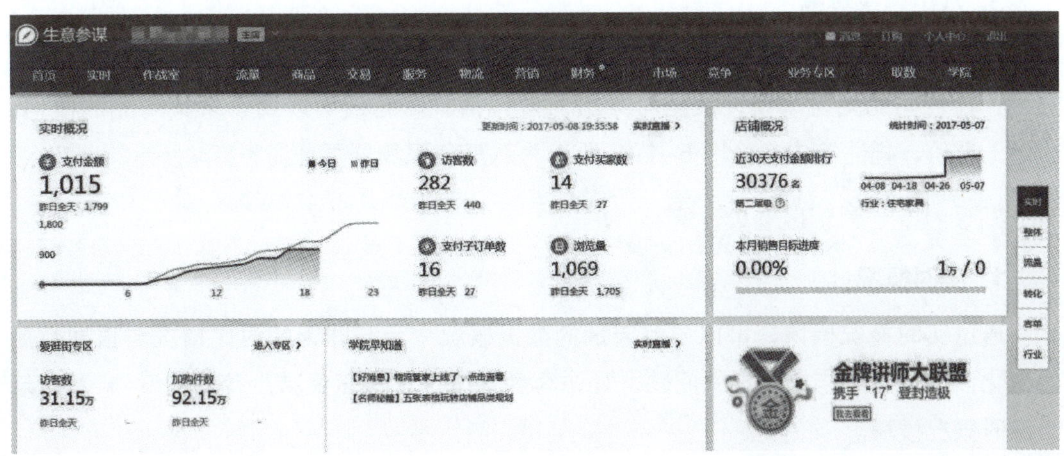

图 5-1-1　生意参谋首页

2. 京东商智

京东商智是京东向第三方商家提供数据服务的产品。它从 PC 端、App、微信、手机 QQ、移动网页端五大渠道，展示实时与历史两个视角下，店铺与行业两个范畴内的流量、销量、客户、商品等全维度的电商数据。同时提供购物车营销、精准客户营销等工具，并基于数据，帮助商家提升店铺销售量。京东商智为商家提供专业、精准的店铺运营数据分析，帮助商家提升店铺运营效率、降低运营成本，是商户“精准营销、数据掘金”的强大工具。图 5–1–2 所示为京东商智实时页面。

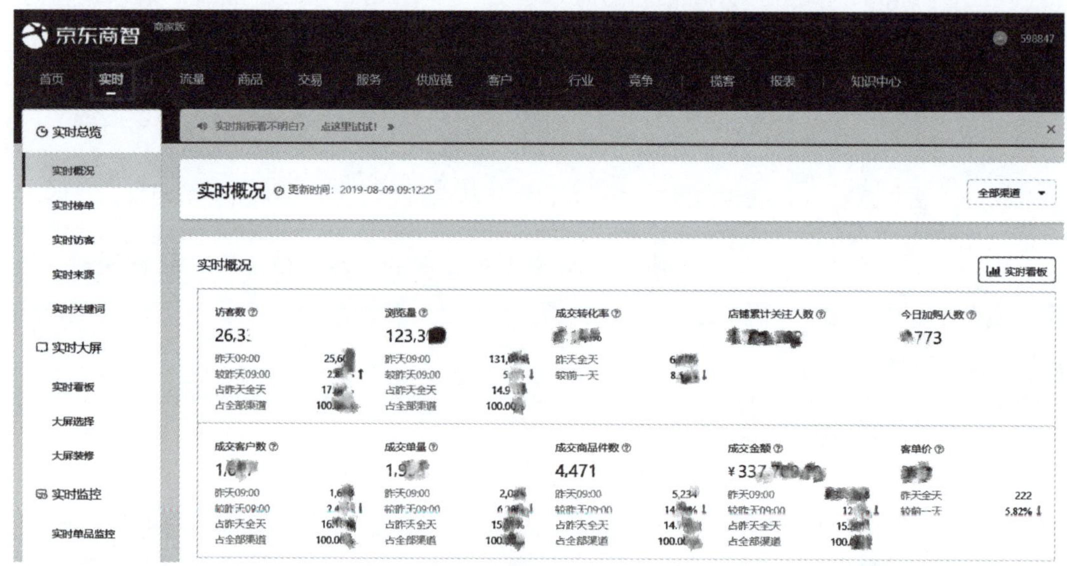

图 5–1–2　京东商智实时页面

3. 八爪鱼采集器

八爪鱼采集器是一款通用网页数据采集器。它使用简单，完全可视化操作；功能强大，任何网站均可采集，数据可导出为多种格式。它还可以用于采集商品的价格、销量、评价、描述等内容。图 5–1–3 所示为八爪鱼采集器页面。

四、生意参谋的主要功能模块

1. 实时概况

通过实时概况模块，可以了解店铺的数据概况今天与昨天的对比情况。根据数据的变化，快速发现店铺出现的问题，如访客数量下滑，浏览量减少等。图 5–1–4 所示为实时概况模块。

图 5-1-3　八爪鱼采集器页面

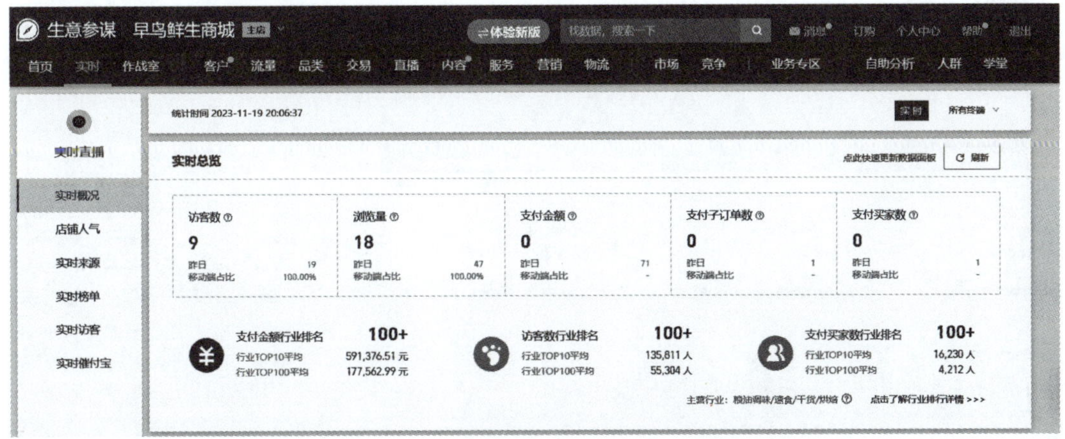

图 5-1-4　实时概况模块

2. 视窗

视窗包括运营视窗、服务视窗和管理视窗三部分。运营视窗不仅提供同行竞店的数据对比，还可以通过图表和表格两种形式查看和对比数据。图 5-1-5 所示为运营视

窗模块。

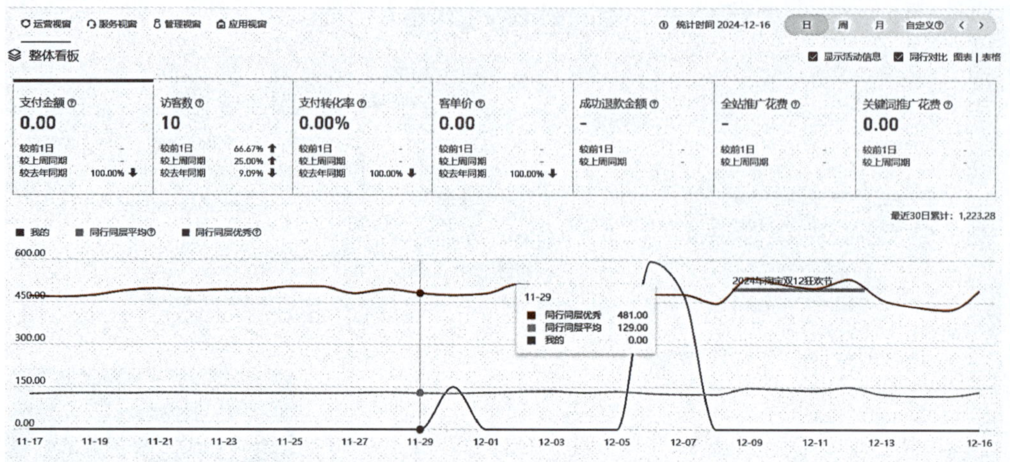

图 5-1-5　运营视窗模块

3. 流量看板

流量看板展示了整个店铺流量的构成情况，帮助商家判断流量构成是否健康。图 5-1-6 所示为流量看板模块。

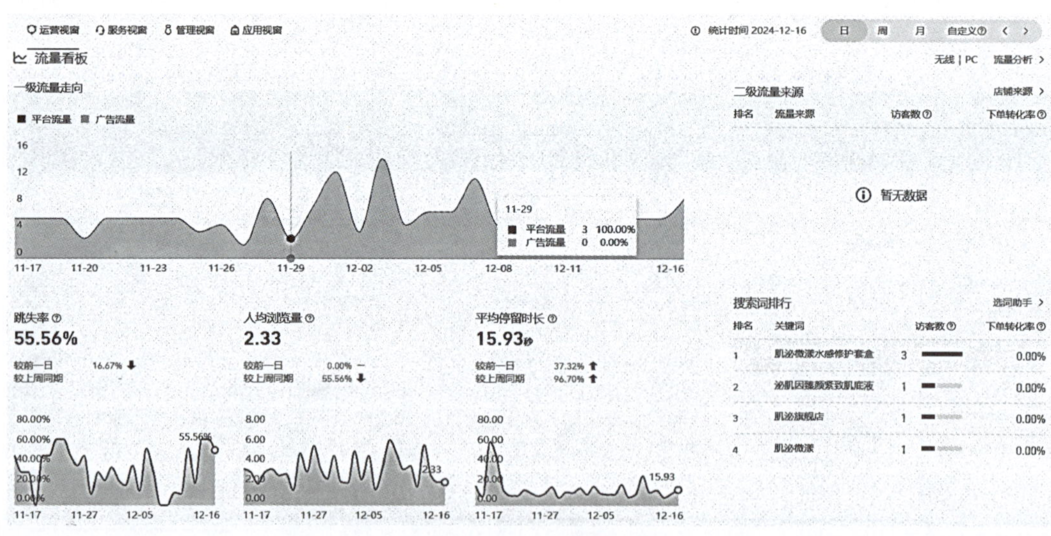

图 5-1-6　流量看板模块

4. 交易概况

交易概况可以全面介绍店铺的整体交易情况，通过访客、下单到支付的交易漏斗，能清晰反映店铺转化情况。此外，它还提供店铺趋势图及同行对比趋势图，可以及时

反映店铺发展趋势及同行发展趋势。图 5–1–7 所示为某店铺交易概况的内容。

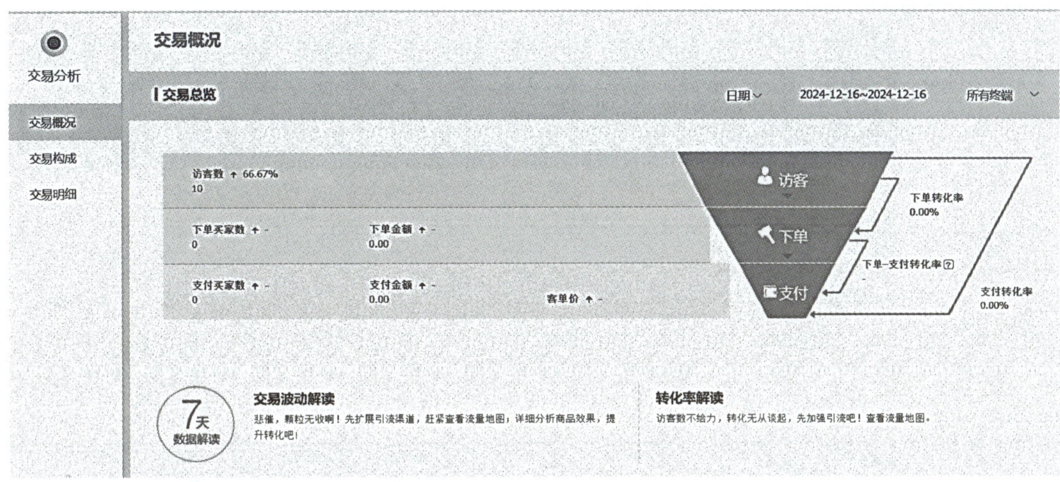

图 5–1–7　某店铺交易概况的内容

5. 客单看板

客单看板包含买家构成和客单分布等数据，使商家能够清晰地了解店铺人群特征，从而有针对性地优化店铺的产品与服务，进一步提升店铺业绩。

6. 评价看板

评价看板展示的是店铺动态评分（DSR）。DSR 对店铺权重有重大影响，如果评分大幅下降或持续下降，将导致流量大幅减少。

7. 竞争情报

竞争情报主要提供流失金额、流失人数和引起本店流失的店铺数等数据。这个功能有助于分析竞争对手，通过比较竞店的产品、店铺装修、差评处理方式等，有针对性地优化自己的店铺。

任务实施

以淘宝店铺为例，收集流量数据并制作报表，具体步骤如下：

● 步骤 1　登录淘宝千牛平台，单击“数据”选项，进入生意参谋页面，如图 5–1–8 所示。

● 步骤 2　新建报表路径：单击生意参谋中的“自助分析”选项，在自助分析页面单击“新建报表”超链接，如图 5–1–9 所示。

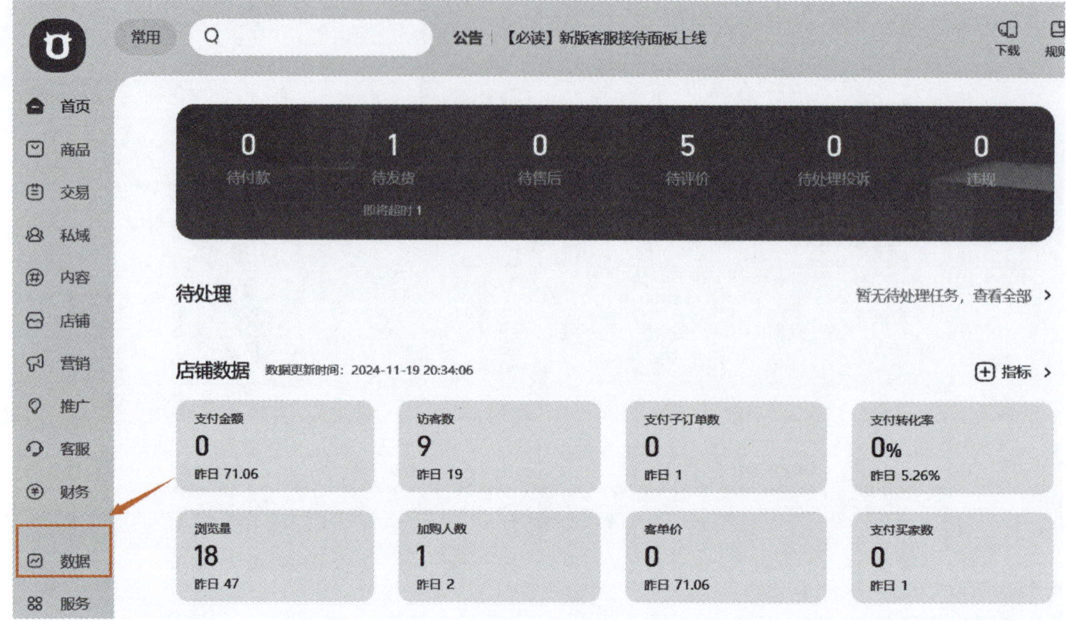

图 5-1-8 单击“数据”选项

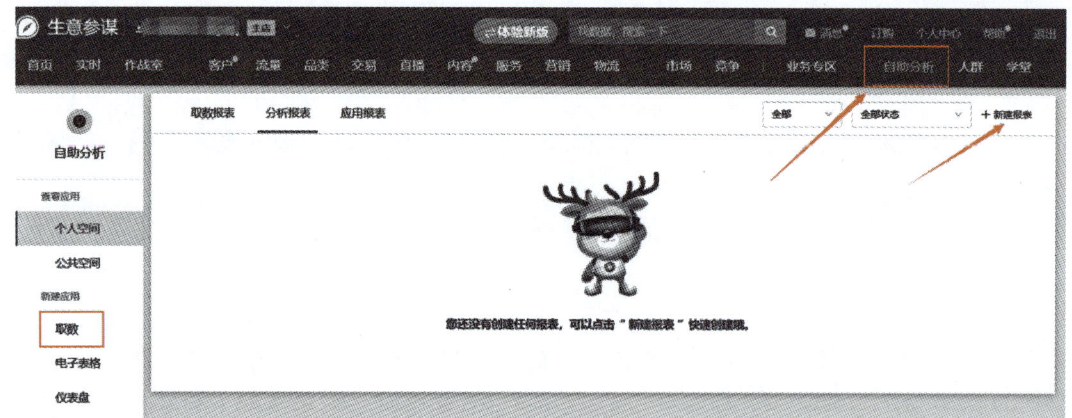

图 5-1-9 新建报表路径

● 步骤 3 选择左侧菜单栏“自助分析”中的“新建应用”选项，单击“取数”选项，在取数页面中新建报表名称、选择取数维度、选择取数时间（按日、周、月）、选择流量数据指标，如图 5-1-10 所示。

● 步骤 4 单击需要采集的数据指标，页面中会显示已选指标，如图 5-1-11 所示。

● 步骤 5 单击“生成报表”按钮，即可生成报表，如图 5-1-12 所示。

● 步骤 6 单击“下载报表”按钮，生成 Excel 电子报表，如图 5-1-13 所示。

报表名称　2024.11.19

选择维度　数据粒度　店铺　商品
数据维度　店铺整体　店铺分小时　店铺流量来源　店铺引流关键词　店铺类目构成

选择时间　时间周期　自然日　自然周　自然月
更新设置　自动更新　不自动更新
查询时间　最近 6 月

选择指标　选择终端　所有终端　PC 端　无线端
选择主题　流量　交易　转化　推广　服务　物流　互动
待选指标　选择全部（9个）　请输入关键字搜索指标
无线端访客数　无线端浏览量　无线端商品访客数　无线端商品浏览量　无线端平均停留时长　无线端跳失率
无线端人均浏览量　无线端老访客数　无线端新访客数
已选指标　拖动已选中的指标可调整指标在表中的列顺序　已选 0 / 95　重置
尚未选择任何目标
生成报表

图 5-1-10　取数页面内容

报表名称　2024.11.19

选择维度　数据粒度　店铺　商品
数据维度　店铺整体　店铺分小时　店铺流量来源　店铺引流关键词　店铺类目构成

选择时间　时间周期　自然日　自然周　自然月
更新设置　自动更新　不自动更新
查询时间　最近 6 月

选择指标　选择终端　所有终端　PC 端　无线端
选择主题　流量　交易　转化　推广　服务　物流　互动
待选指标　选择全部（9个）　请输入关键字搜索指标
无线端访客数　无线端浏览量　无线端商品访客数　无线端商品浏览量　无线端平均停留时长　无线端跳失率
无线端人均浏览量　无线端老访客数　无线端新访客数
已选指标　拖动已选中的指标可调整指标在表中的列顺序　已选 6 / 95　重置
无线端访客数　无线端浏览量　无线端商品访客数　无线端商品浏览量　无线端平均停留时长　无线端跳失率
生成报表

图 5-1-11　选择需要采集的流量数据指标

统计日期	无线端访客数	无线端浏览量	无线端商品访客数	无线端商品浏览量	无线端平均停留时长	无线端跳失率
2024-10-01 ~ 2024-10-31	377	1,260	373	1,132	15.00	52.71%
2024-09-01 ~ 2024-09-30	482	1,102	480	1,013	13.00	64.33%
2024-08-01 ~ 2024-08-31	1,179	2,344	1,169	2,241	13.00	72.81%
2024-07-01 ~ 2024-07-31	1,755	3,308	1,744	3,161	26.00	65.37%
2024-06-01 ~ 2024-06-30	303	933	296	832	13.00	53.66%
2024-05-01 ~ 2024-05-31	530	1,700	520	1,522	13.00	49.66%

共6条数据，预览最多显示前10条数据，下载全部数据可以查看更多

上一步　加入我的报表　下载报表　在线分析

图 5-1-12　生成报表

2024.11.19

店铺名称：songzi78
数据来源：生意参谋-数据中心
时间范围：2024-05-01~2024-10-31
阿里巴巴生意参谋致力于零售电商大数据产品平台，通过数据的指导分析帮您更好地做生意！点此进入>>

统计日期	无线端访客数	无线端浏览量	无线端商品访客数	无线端商品浏览量	无线端平均停留时长	无线端跳失率
2024-05-01 ~ 2024-05-31	530	1,700	520	1,522	13.00	49.66%
2024-06-01 ~ 2024-06-30	303	933	296	832	13.00	53.66%
2024-07-01 ~ 2024-07-31	1,755	3,308	1,744	3,161	26.00	65.37%
2024-08-01 ~ 2024-08-31	1,179	2,344	1,169	2,241	13.00	72.81%
2024-09-01 ~ 2024-09-30	482	1,102	480	1,013	13.00	64.33%
2024-10-01 ~ 2024-10-31	377	1,260	373	1,132	15.00	52.71%

图 5-1-13　下载生成 Excel 电子报表

拓展训练

在网店后台生意参谋数据中心，收集 7 天的无线端①交易数据，如无线端支付金额、支付买家数、支付子订单数、支付件数、下单金额、下单买家数、支付商品数、UV 价值等数据指标，并将报表以 Excel 格式导出，如图 5-1-14 所示。

2024.11.19

店铺名称：songzi78
数据来源：生意参谋-数据中心
时间范围：2024-05-01~2024-10-31
阿里巴巴生意参谋致力于零售电商大数据产品平台，通过数据的指导分析帮您更好地做生意！点此进入

统计日期	无线端支付金额	无线端支付买家数	无线端支付子订单数	无线端支付件数	无线端下单金额	无线端下单买家数	无线端支付商品数	无线端UV价值
24-05-01 ~ 2024-05-	2,139.09	17	17	20	2,428.65	20	5	4.04
24-06-01 ~ 2024-06-	623.35	5	5	5	623.35	5	3	2.06
24-07-01 ~ 2024-07-	940.06	10	10	10	1,103.31	11	4	0.54
24-08-01 ~ 2024-08-	389.40	6	6	6	389.40	6	6	0.33
24-09-01 ~ 2024-09-	985.75	7	7	7	1,143.75	8	3	2.05
24-10-01 ~ 2024-10-	2,366.36	22	24	24	2,524.36	23	7	6.28

图 5-1-14　交易数据报表

① 无线端即移动端。

思考与练习

1. 网店数据流量来源有哪些?
2. 网店数据指标有哪些?
3. 列举几种网店常用的数据收集工具，并简要说明其作用。

任务 2　网店数据整理

学习目标

- 知识目标
  1. 了解网店数据整理的原则
  2. 掌握网店数据整理的流程
- 技能目标
  1. 能使用 Excel 工具对网店数据进行整理
  2. 能对网店数据表格进行美化

相关知识

网店数据整理是指将收集的原始数据转化为有用数据的过程。网店数据整理已经成为网店运营管理不可或缺的一部分。网店数据整理及数据的优化迭代，对整个店铺的运营策略至关重要，在很大程度上，可以提升店铺运营转化的效率和成交量。

一、网店数据整理的原则

网店数据整理的基本原则包括数据的准确性、完整性、可靠性和保密性。

1. 数据的准确性

在整理网店数据时，需要确保数据的准确性，以避免因数据错误而导致的决策失误。应对数据进行清洗和去重，以确保数据的准确无误。

2. 数据的完整性

在整理网店数据时，需要确保数据的完整性，以避免因数据缺失而导致的决策失误。

为了确保数据的完整性，应全面收集并整理数据。在数据收集阶段，要确保数据的全面性和准确性。在数据整理阶段，要对数据进行合理的分类和归档。

3. 数据的可靠性

在整理网店数据时，需要确保数据的可靠性，以避免因数据不可靠而导致的决策失误。整理出的数据和最终的分析结果及调整后的执行方案，必须具备参考性和可执行性，否则就毫无意义。

4. 数据的保密性

在整理网店数据时，需要确保数据的保密性，以避免因数据泄露而引发安全问题。为了确保数据的保密性，应采取必要的安全保护措施。在数据存储和传输过程中，要严格执行安全保护措施。

二、网店数据整理的流程

1. 导出数据

将收集到的数据导出为 Excel 或 CSV 格式，便于后续进行数据处理和分析。

2. 数据清洗

对原始数据进行清洗，包括剔除异常数据、处理缺失值、统一数据格式等，以确保数据的准确性和一致性。

3. 数据关联

将来自不同数据源的数据进行关联整合，例如将用户行为数据与销售数据进行关联，从而获得更全面、更深入的分析结果。

4. 表格美化

表格美化这一步骤是不可或缺的。应确保字体颜色统一，对重点事项进行单独标注，并且层次区分要明显，以提升表格的可读性和美观度。

任务实施

一、使用 Excel 软件找出缺失值、异常值

1. 标注缺失值

打开“2024 年 12 月网店数据”文件，观察表中第 12 行[①] 支付件数、第 18 行

① 表中行数计算含表头，即以表头为第一行算起。

商品加购件数和第23行支付金额均为空值，对其先进行标注，结果如图5-2-1所示。

统计日期	支付金额	支付件数	商品加购件数	商品浏览量
2024-12-04	699.9	12	10	1199
2024-12-05	858.6	36	24	1315
2024-12-06	2318.9	22	33	1546
2024-12-07	33.9	2	3	1658
2024-12-08	533	10	23	1477
2024-12-09	626	12	13	856
2024-12-10	42	1	5	1399
2024-12-11	29.9	1	3	1176
2024-12-12	615.8	15	14	1154
2024-12-13	166.7	5	24	1149
2024-12-14	767.7		13	968
2024-12-15	655	14	16	99999999
2024-12-16	878.6	12	31	773
2024-12-17	0	0	1	906
2024-12-18	65.8	2	11	804
2024-12-19	751.2	15	20	845
2024-12-20	29.9	1		796
2024-12-21	1344.5	25	32	745
2025-12-22	233.6	6	34	1334
2024-12-23	588.9	11	12	1215
2024-12-24	233.6	6	10	734
2024-12-25		10	10	1501
2024-12-26	64.2	2	2	1441
2024-12-27	969.4	8	13	1146
2024-12-28	29.9	1	0	857
2024-12-29	322.1	7	3	1056
2024-12-30	45.2	2	3	785
2024-12-31	66	3	1	616

图5-2-1　标注缺失值

2. 标记异常值

打开“2024年12月网店数据”文件，可以看到第13行商品浏览量为99999999，这一数据属于异常值。另外，第20行日期是2025-12-22，这一数据也属于异常值。对异常值进行标记，标记结果如图5-2-2所示。

二、数据清洗

1. 筛选异常值

（1）选中所有的数据以及表头，然后按“Ctrl+Shift+L”，出现筛选选项，如图5-2-3所示。

（2）将商品浏览量中的异常值99999999筛除。

单击筛选数据中商品浏览量旁边的▾，取消勾选99999999前的复选框，将99999999筛除，如图5-2-4所示。筛除异常值结果如图5-2-5所示。

统计日期	支付金额	支付件数	商品加购件数	商品浏览量
2024-12-04	699.9	12	10	1199
2024-12-05	858.6	36	24	1315
2024-12-06	2318.9	22	33	1546
2024-12-07	33.9	2	3	1658
2024-12-08	533	10	23	1477
2024-12-09	626	12	13	856
2024-12-10	42	1	5	1399
2024-12-11	29.9	1	3	1176
2024-12-12	615.8	15	14	1154
2024-12-13	166.7	5	24	1149
2024-12-14	767.7		13	968
2024-12-15	655	14	16	99999999
2024-12-16	878.6	12	31	773
2024-12-17	0	0	1	906
2024-12-18	65.8	2	11	804
2024-12-19	751.2	15	20	845
2024-12-20	29.9	1		796
2024-12-21	1344.5	25	32	745
2025-12-22	233.6	6	34	1334
2024-12-23	588.9	11	12	1215
2024-12-24	233.6	6	10	734
2024-12-25		10	10	1501
2024-12-26	64.2	2	2	1441
2024-12-27	969.4	8	13	1146
2024-12-28	29.9	1	0	857
2024-12-29	322.1	7	3	1056
2024-12-30	45.2	2	3	785
2024-12-31	66	3	1	616

图 5-2-2 标记异常值

统计日期	支付金额	支付件数	商品加购件数	商品浏览量
2024-12-04	699.9	12	10	1199
2024-12-05	858.6	36	24	1315
2024-12-06	2318.9	22	33	1546
2024-12-07	33.9	2	3	1658
2024-12-08	533	10	23	1477
2024-12-09	626	12	13	856
2024-12-10	42	1	5	1399
2024-12-11	29.9	1	3	1176
2024-12-12	615.8	15	14	1154
2024-12-13	166.7	5	24	1149
2024-12-14	767.7		13	968
2024-12-15	655	14	16	99999999
2024-12-16	878.6	12	31	773
2024-12-17	0	0	1	906
2024-12-18	65.8	2	11	804
2024-12-19	751.2	15	20	845
2024-12-20	29.9	1		796
2024-12-21	1344.5	25	32	745
2025-12-22	233.6	6	34	1334
2024-12-23	588.9	11	12	1215
2024-12-24	233.6	6	10	734
2024-12-25		10	10	1501
2024-12-26	64.2	2	2	1441
2024-12-27	969.4	8	13	1146
2024-12-28	29.9	1	0	857
2024-12-29	322.1	7	3	1056
2024-12-30	45.2	2	3	785
2024-12-31	66	3	1	616

图 5-2-3 筛选选项

统计日期	支付金额	支付件数	商品加购件数	商品浏览量
2024-12-04	699.9	12	10	1199
2024-12-05	858.6	36	24	1315
2024-12-06	2318.9	22	33	1546
2024-12-07	33.9	2	3	1658
2024-12-08	533	10	23	1477
2024-12-09	626	12	13	856
2024-12-10	42	1	5	1399
2024-12-11	29.9	1	3	1176
2024-12-12	615.8	15	14	1154
2024-12-13	166.7	5	24	1149
2024-12-14	767.7		13	968
2024-12-15	655	14	16	99999999
2024-12-16	878.6	12	31	773
2024-12-17	0	0	1	906
2024-12-18	65.8	2	11	804
2024-12-19	751.2	15	20	845
2024-12-20	29.9	1		796
2024-12-21	1344.5	25	32	745
2025-12-22	233.6	6	34	1334
2024-12-23	588.9	11	12	1215
2024-12-24	233.6	6	10	734
2024-12-25		10	10	1501
2024-12-26	64.2	2	2	1441
2024-12-27	969.4	8	13	1146
2024-12-28	29.9	1	0	857
2024-12-29	322.1	7	3	1056
2024-12-30	45.2	2	3	785
2024-12-31	66	3	1	616

升序　降序　颜色排序
按内容　按颜色　数字筛选　清除筛选
搜包含多个关键字，空格分隔　名称↑　计数↓
全选 (28) 反选 重复项 前十项 更多
1149 (1)
1154 (1)
1176 (1, 3.5%)　仅筛选此项
1199 (1)
1215 (1)
1315 (1)
1334 (1)
1399 (1)
1441 (1)
1477 (1)
1501 (1)
1546 (1)
1658 (1)
99999999 (1)
导出　确定　取消

图 5-2-4　筛除异常值

统计日期	支付金额	支付件数	商品加购件数	商品浏览量
2024-12-04	699.9	12	10	1199
2024-12-05	858.6	36	24	1315
2024-12-06	2318.9	22	33	1546
2024-12-07	33.9	2	3	1658
2024-12-08	533	10	23	1477
2024-12-09	626	12	13	856
2024-12-10	42	1	5	1399
2024-12-11	29.9	1	3	1176
2024-12-12	615.8	15	14	1154
2024-12-13	166.7	5	24	1149
2024-12-14	767.7		13	968
2024-12-16	878.6	12	31	773
2024-12-17	0	0	1	906
2024-12-18	65.8	2	11	804
2024-12-19	751.2	15	20	845
2024-12-20	29.9	1		796
2024-12-21	1344.5	25	32	745
2025-12-22	233.6	6	34	1334
2024-12-23	588.9	11	12	1215
2024-12-24	233.6	6	10	734
2024-12-25		10	10	1501
2024-12-26	64.2	2	2	1441
2024-12-27	969.4	8	13	1146
2024-12-28	29.9	1	0	857
2024-12-29	322.1	7	3	1056
2024-12-30	45.2	2	3	785
2024-12-31	66	3	1	616

图 5-2-5　筛除异常值结果

日期异常值直接在对应的单元格中修改。空值清洗参考商品浏览量异常值筛选方式。全部数据清洗结果如图 5-2-6 所示。

统计日期	支付金额	支付件数	商品加购件数	商品浏览量
2024-12-04	699.9	12	10	1199
2024-12-05	858.6	36	24	1315
2024-12-06	2318.9	22	33	1546
2024-12-07	33.9	2	3	1658
2024-12-08	533	10	23	1477
2024-12-09	626	12	13	856
2024-12-10	42	1	5	1399
2024-12-11	29.9	1	3	1176
2024-12-12	615.8	15	14	1154
2024-12-13	166.7	5	24	1149
2024-12-16	878.6	12	31	773
2024-12-17	0	0	1	906
2024-12-18	65.8	2	11	804
2024-12-19	751.2	15	20	845
2024-12-21	1344.5	25	32	745
2024-12-22	233.6	6	34	1334
2024-12-23	588.9	11	12	1215
2024-12-24	233.6	6	10	734
2024-12-26	64.2	2	2	1441
2024-12-27	969.4	8	13	1146
2024-12-28	29.9	1	0	857
2024-12-29	322.1	7	3	1056
2024-12-30	45.2	2	3	785
2024-12-31	66	3	1	616

图 5-2-6　全部数据清洗结果

2. 表格数据美化

选中清洗后的数据表，单击“开始”菜单栏中的“表格样式”，在出现的表格样式中选择主题颜色和样式，如图 5-2-7 所示。

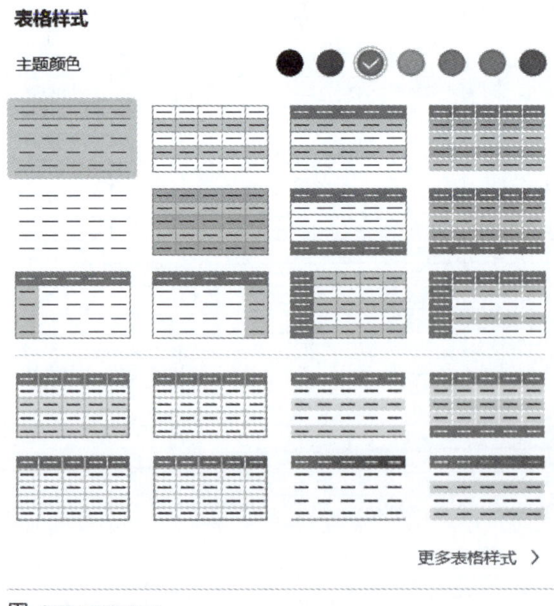

图 5-2-7　选择主题颜色和样式

美化后的表格如图 5-2-8 所示。

统计日期	支付金额	支付件数	商品加购件数	商品浏览量
2024-12-04	699.9	12	10	1199
2024-12-05	858.6	36	24	1315
2024-12-06	2318.9	22	33	1546
2024-12-07	33.9	2	3	1658
2024-12-08	533	10	23	1477
2024-12-09	626	12	13	856
2024-12-10	42	1	5	1399
2024-12-11	29.9	1	3	1176
2024-12-12	615.8	15	14	1154
2024-12-13	166.7	5	24	1149
2024-12-16	878.6	12	31	773
2024-12-17	0	0	1	906
2024-12-18	65.8	2	11	804
2024-12-19	751.2	15	20	845
2024-12-21	1344.5	25	32	745
2024-12-22	233.6	6	34	1334
2024-12-23	588.9	11	12	1215
2024-12-24	233.6	6	10	734
2024-12-26	64.2	2	2	1441
2024-12-27	969.4	8	13	1146
2024-12-28	29.9	1	0	857
2024-12-29	322.1	7	3	1056
2024-12-30	45.2	2	3	785
2024-12-31	66	3	1	616

图 5-2-8　美化后的表格

任务拓展

使用 Excel 工具，对店铺 6 月运营数据（见表 5-2-1）按流量数据指标进行整理。

表 5-2-1　店铺 6 月运营数据

日期	6 月 9 日	6 月 10 日	6 月 11 日	7 月 12 日	6 月 13 日	6 月 14 日	6 月 15 日
浏览量	61	53	63	87	141	108	63
访客数	34	26	34	34	65	65	48
入口数	30	19	25	2700	53	55	37
跳失率	66.70%	52.60%	56.00%	37.00%	60.40%	58.20%	62.20%
停留时间	362	306		347	325	292	435
销售额	476.88	205.72	473.42	871.5	573.52	784.32	533.6
销量	9	4	9	17	11	15	10
订单数	8	4	9	16	9	14	10

续表

日期	6月9日	6月10日	6月11日	7月12日	6月13日	6月14日	6月15日
转化率	23.53%	15.38%	26.47%	47.06%	13.85%	21.54%	20.83%
搜索 UV	18	16	18	19	42	39	23
类目 UV	0	0	0	0	1	2	0
收藏 UV	1	1	0	1	0	1	2
直通车 UV	0	0	0	0	0	0	0
淘宝客 UV	2	1	2	0	0	2	0

思考与练习

1. 网店数据整理的原则有哪些?
2. 在网店数据整理过程中，如何有效识别和处理缺失值或异常值?
3. 某网店近期收集了大量的销售数据、用户行为数据和市场竞争数据，由于数据格式不统一、存在缺失值和异常值等问题，导致数据难以直接用于分析和决策。于是，网店决定进行数据整理工作，以提升数据质量和分析效率。该网店应如何制定数据整理的策略和步骤?

项目六
网店促销活动管理

网店促销活动是指为了吸引消费者、提高销售额而推出的在特定时期内进行的销售优惠活动，包括网店营销设置、网店活动报名等。网店促销活动不仅能够增加销售额，还可以提高品牌知名度，增强客户黏性，促进线上线下销售的互动，对于网店的发展具有重要意义。

任务 1　网店促销设置

学习目标

- **知识目标**

  1. 了解网店促销的目的
  2. 掌握网店促销的时间点

- **技能目标**

  1. 能使用促销工具设置店铺促销活动
  2. 能使用促销工具设置商品促销活动

相关知识

网店促销设置是指在网店运营过程中，在店铺内部设置有效的营销策略和措施，以提高销售额和消费者满意度。例如，通过优惠券发放、单品宝、满减（赠）等方式向消费者传递网店及其商品的信息。合理的促销设置能够增强网店的竞争力，促进销

售额增加。

一、网店促销的目的

网店促销是通过与老客户的回访互动，增加网店曝光率，挖掘更多潜在新客户，促进网店的销售及提升活力，形成良性循环。网店促销主要包含新品引流、提升转化率、提升客单价和提高复购率等方面。

1. 用于新品引流

消费者对于未见过的新品牌通常怀有好奇、尝鲜的心理。通过网店营销手段降低首次消费成本，可以吸引消费者进入网店，积聚人气，扩大消费者群体，从而刺激消费者的购买行为。

2. 提升转化率

利用各种促销活动、折扣和优惠等方式，吸引消费者下单购买，实现销售额的增长。例如，通过单品宝、赠品、满立减等方式，促进消费者完成购买。

3. 提高客单价

通过套餐或捆绑销售的方式，可以激励消费者购买更多的产品或服务。例如，通过店铺宝、搭配宝和 N 元任选等方式，将相关商品或服务组合在一起，并提供一定的折扣或优惠，以吸引消费者增加购买量。

4. 提高复购率

网店营销的目的之一就是提升消费者的购物体验和满意度。通过提供优质的商品和服务，提高消费者的满意度，从而促进消费者口碑传播和复购率的提升。

二、网店促销的时间点

1. 新品营销

新品营销是推广新产品并吸引消费者购买的一系列策略和活动。在竞争激烈的市场环境中，新品营销成功与否往往决定了产品能否在市场上脱颖而出。新品营销可以成为店铺长期的营销活动。网店会不断上架新品，通过新品促销加快商品销售速度，培养老客户的关注，从而提高消费者的忠诚度。

2. 节日促销

节日促销是商家利用特定节日或纪念日，通过一系列的营销活动和优惠措施，以吸引消费者购买商品或服务的策略。这种促销方式不仅能够提升销售额，还能增强品牌形象，加深与消费者的联系。节日促销应结合所经营的商品和消费者的特征来进行，如情人节、母亲节等，以多件装、组合装、礼盒的形式推出商品，并采用包邮、满额

赠礼、满额立减、代写祝福卡等形式，从而提高客单价。

3. 店庆

店庆是店铺为了庆祝开业以来的发展历程和业绩，以及感谢广大消费者的支持和喜爱而举办的一系列庆祝活动。这些活动旨在展示店铺的实力和特色，提升品牌形象，从而吸引更多的消费者，促进销售。在店庆活动中，商家通常会采取多种促销手段，如打折、满减、赠品等，以回馈消费者。同时，还会通过媒体宣传、线上线下互动等方式，扩大活动的影响力，吸引更多的人关注和参与。

店庆是店铺展示自身实力、回馈消费者、提升品牌形象的重要机会，也是商家与消费者之间互动和沟通的重要平台。通过精心策划和举办店庆活动，商家可以进一步提升店铺的知名度和美誉度，为店铺的长期发展奠定坚实的基础。

4. 换季清仓

换季清仓是许多商家在季节交替时常用的一种销售策略，主要目的是清理库存，回收资金，为新一季的货品腾出空间。换季清仓的时机选择至关重要。对于一些季节性比较强的商品，商家应提前预判季节变化，制订清仓计划。例如，在春季来临前，冬季商品应进行清仓处理；在夏季开始时，春季商品则需要进行清仓处理。

三、网店常用的促销工具

在网店运营过程中，商家为了吸引消费者下单购买，促销工具多种多样。其中淘宝平台常见的促销工具有优惠券、单品宝、店铺宝和搭配宝等，主要用于店铺日常活动、店铺拉新、促进转化和提高销量。

1. 优惠券

优惠券是以电子券为载体，店铺可以按需圈选商品范围，定向投放给特定人群，通过特定渠道推广，并设置不同的优惠金额和使用门槛。这种促销工具能有效刺激消费者购物，提高客单价。图 6–1–1 所示为使用优惠券促销商品的实例。

优惠券主要分为店铺优惠券和商品优惠券，如图 6–1–2 所示。

店铺优惠券适用于全店所有产品，不计入最低价。领取后，只要达到满减额度，即可进行抵扣。

商品优惠券是专门针对某些商品而设置的满减券，未参加活动的商品无法使用该优惠券，且该优惠券计入最低价。

2. 单品宝

单品宝是淘宝系统专用的打折工具。新上架的商品需要发布新品价格，或者想在促销时设置促销价，这些都可以通过单品宝来实现。单品宝由限时折扣升级而来，其

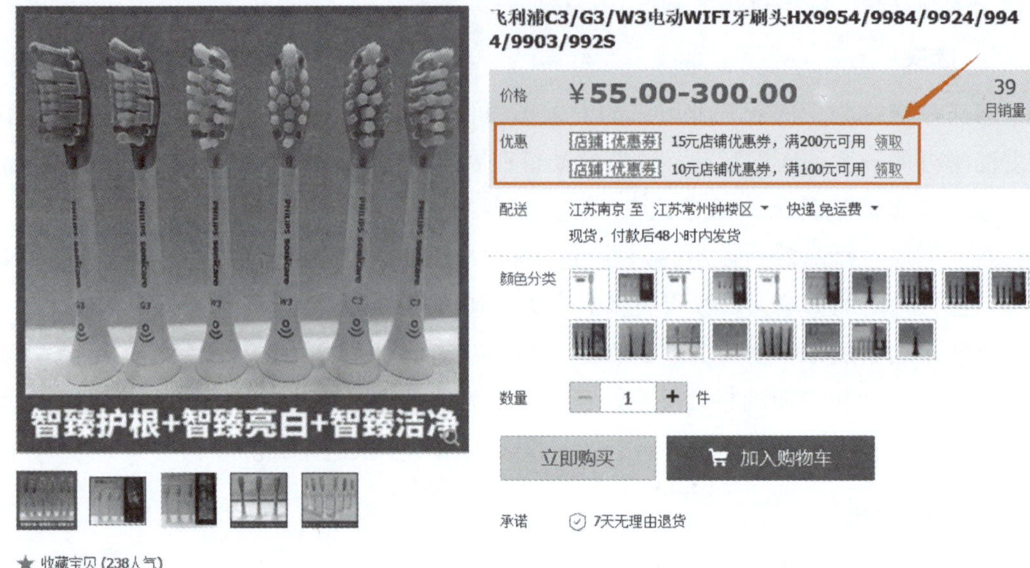

图 6-1-1　使用优惠券促销商品的实例

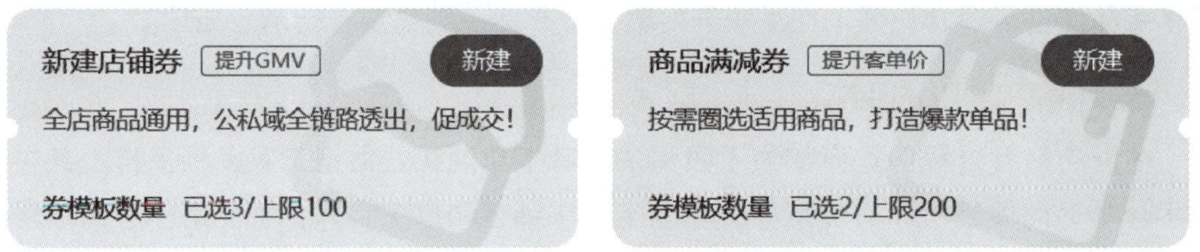

图 6-1-2　优惠券的种类

功能更形象直观、便捷精准。

单品宝针对特定人群设置折扣，如粉丝专享价、会员专享价、老客专享价等，玩法多样，能深度触达不同的客户群体，有效提升客户复购率。例如，店铺可以设置粉丝专享价，只有关注店铺成为粉丝的客户才能享受这一专享价格。

单品宝与普通的市场打折工具有所不同，它支持 SKU 级别的打折。这一功能在美妆、饰品等品类中应用广泛，非常适合店铺日常活动、单个商品或单个 SKU 的折扣活动。如图 6-1-3 所示，通过单品宝设置了多种唇釉的促销价格区间，促销价从 98.00 ~ 153.00 元不等。这种直观的价格对比，能够迅速吸引消费者的注意力，强调商品的优惠力度。

3. 店铺宝

店铺宝是一种店铺级的优惠工具，旨在通过营销活动促进店铺成交额的提升，进

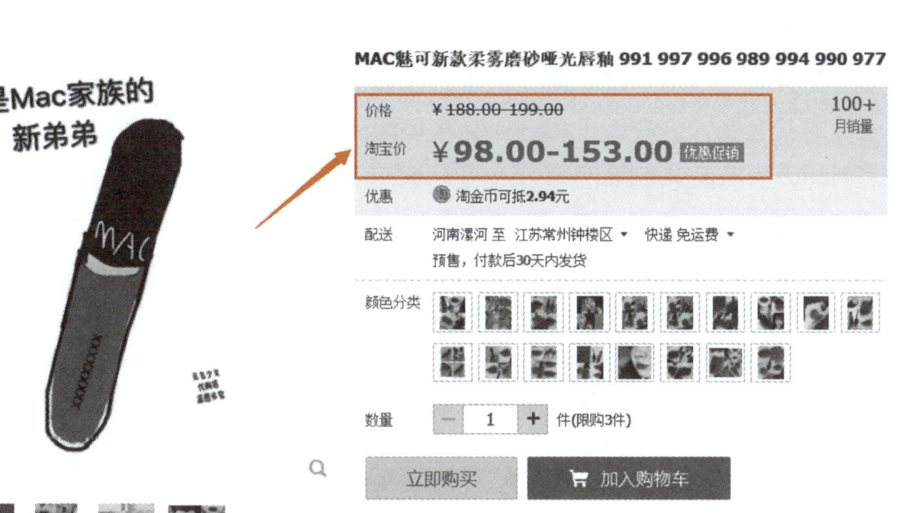

图 6-1-3　单品宝的应用实例

而提高动销率。店铺宝虽然与单品宝在功能上有很多相似之处，但两者针对的对象有所不同：店铺宝主要面向整个店铺，而单品宝则专注于店铺中的单个商品。店铺宝支持为部分商品或全店商品创建满减、满折、满包邮、满额送权益（如优惠券、积分等）、满送赠品等多种营销活动，是提升客单价的利器。店铺宝的主要功能包括满减打折、多件多折、拍下立减、拍下送赠品等。如图 6-1-4 所示，该店铺应用店铺宝设置了“每满 200 减 30”的优惠活动。

图 6-1-4　店铺宝的应用实例

4. 搭配宝

商品关联可以应用搭配宝，即通过套餐捆绑售卖的方式，将同属性或类似的产品组合成购买套餐，这有助于提升商品在多场景下的展示概率，进而提高客单价和转化率。例如，当商品 A 和商品 B 搭配在一起下单时，可以给予消费者部分优惠；通过商品 A 吸引进店的消费者，可以引导他们跳转到商品 B 的单品页进行搭配购买，这样搭配下单更省钱。通过这种方式，可以有效提升店铺的成交金额和动销率。如图 6-1-5 所示为玉米和芋头粗粮组合搭配销售。

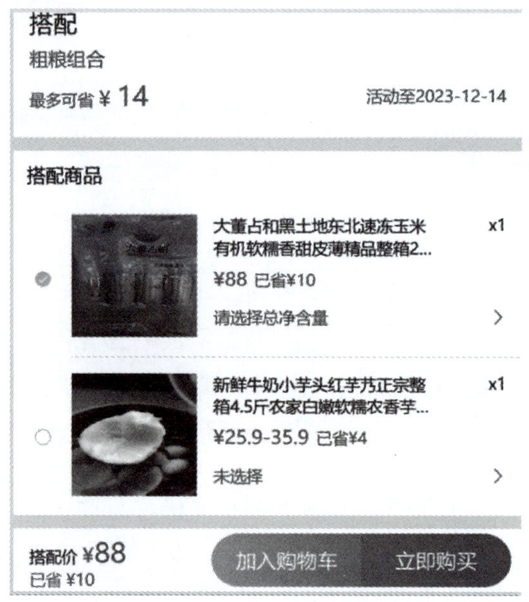

图 6-1-5　玉米和芋头粗粮组合搭配销售

任务实施

一、单品宝设置

● 步骤 1　进入千牛工作台，在营销中心选择店铺营销工具中的单品宝，单击“单品宝”，如图 6-1-6 所示。

● 步骤 2　在单品宝页面，单击“立即创建”按钮，进入活动设置页面，填写活动名称、活动时间、优惠方式等活动相关信息，如图 6-1-7 所示。活动时间最长为 180 天。

● 步骤 3　单击“保存并继续”按钮，进入选择活动商品页面，选择参加活动的商品，如图 6-1-8 所示。

图 6-1-6　单击“单品宝”

图 6-1-7　单品宝活动设置页面

● 步骤 4　设置商品优惠。有三种促销模式可供选择，如图 6-1-9 所示。

打折：针对每个商品 SKU 设置具体的折扣。

减钱：在之前的销售价格基础上减去一定的金额。

促销价：直接设置优惠后的活动价格。

● 步骤 5　对活动进行管理，如图 6-1-10 所示。

（1）在活动列表中，根据活动要求进行修改、设置优惠以及操作商品。

（2）对于已经结束的活动，可以选择一键重启，重新设置活动时间。

（3）对于活动中和未开始活动的商品，可以对优惠信息进行编辑以及进行撤出活动操作。

图 6-1-8　选择活动商品

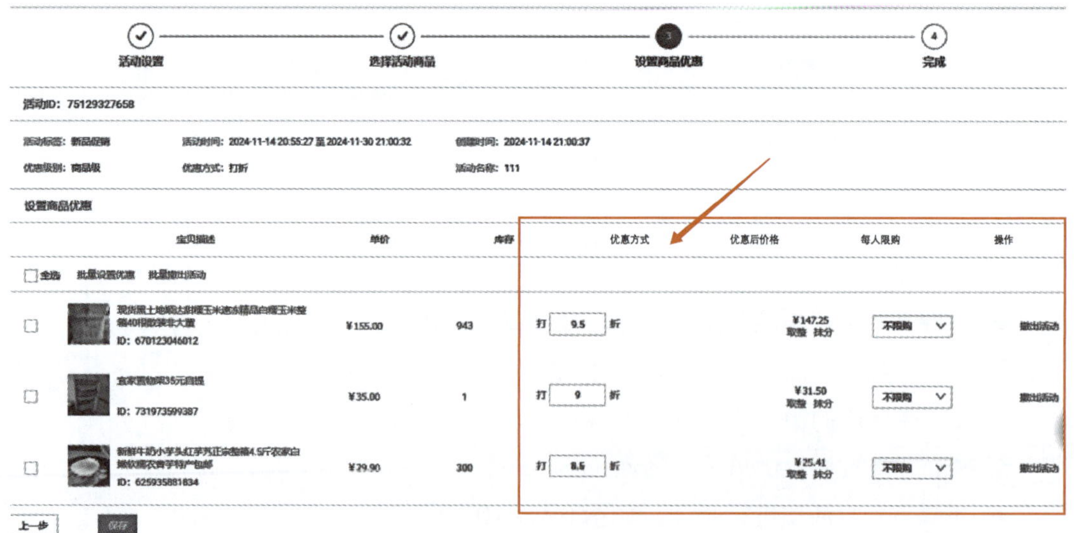

图 6-1-9　设置商品优惠

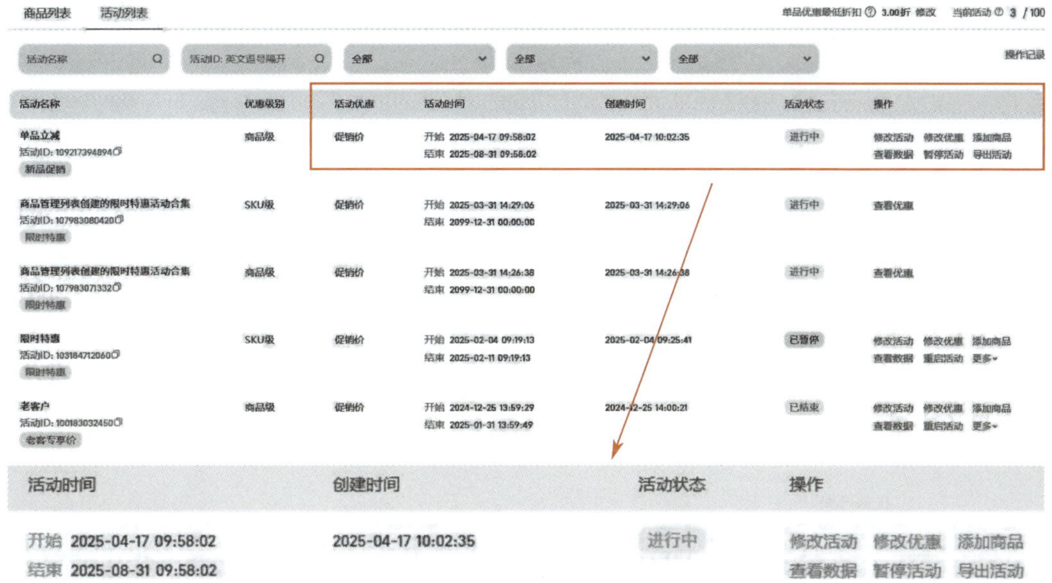

图 6-1-10　单品宝活动管理

二、优惠券设置

● 步骤 1　进入千牛工作台，在营销中心选择店铺营销工具中的优惠券，单击“优惠券”，进入优惠券页面，如图 6-1-11 所示。

图 6-1-11　单击“优惠券”

● 步骤 2　在优惠券页面中，有两种优惠券类型可供选择：商品满减券和店铺优惠券。在优惠券页面，单击店铺优惠券“新建”按钮，进入店铺优惠券设置页面，如图 6-1-12 所示。

● 步骤 3　填写优惠券的基本信息，包括优惠券名称、面值以及使用条件等，还可以设置使用范围、有效期等相关规则，如图 6-1-13 所示。

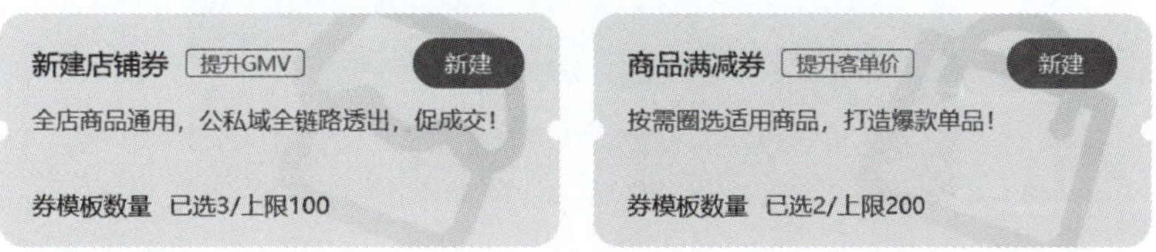

图 6-1-12　单击店铺优惠券“新建”按钮

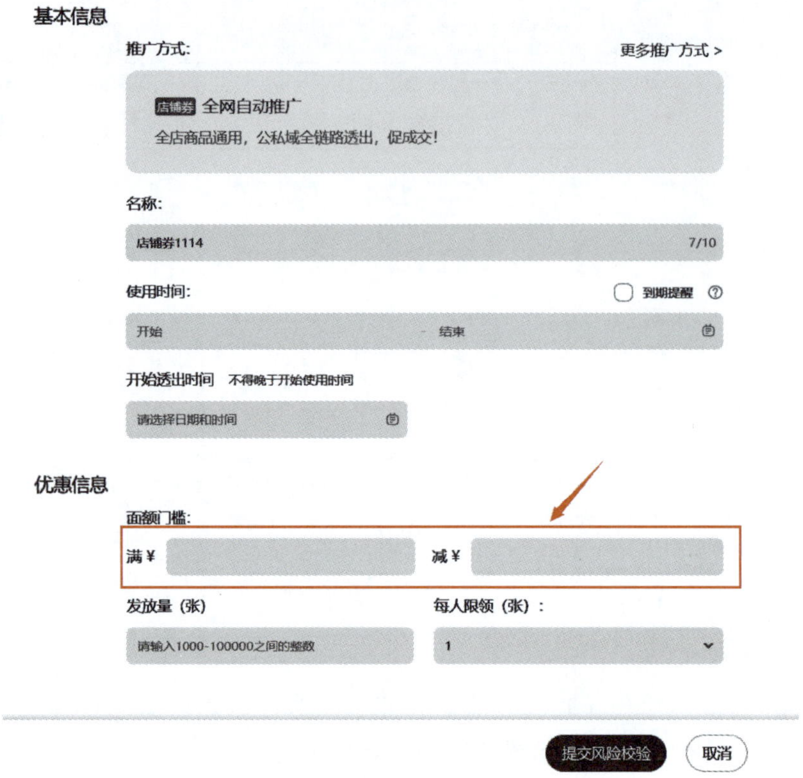

图 6-1-13　优惠券基本信息和使用规则设置

● 步骤 4　优惠券投放。

设置好优惠券后，还需考虑如何将其有效投放给消费者。可以在淘宝店铺的首页、商品详情页、购物车页面等关键位置设置优惠券领取入口，吸引消费者点击领取。此外，还可以通过流量平台进行投放，以提高优惠券活动的曝光率，增加领取量。图 6-1-14 所示为设置完成的店铺优惠券。

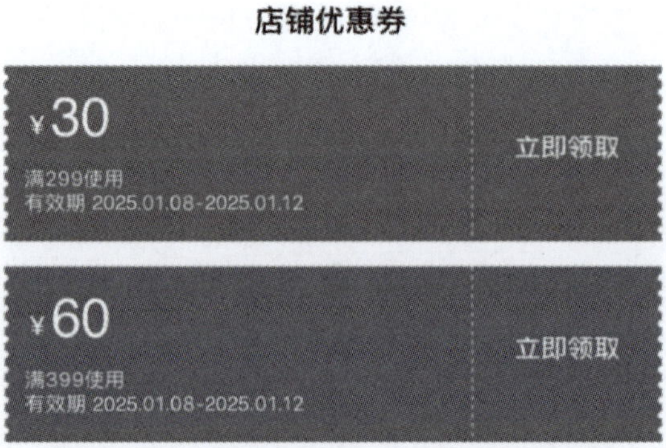

图 6-1-14　设置完成的店铺优惠券

三、店铺宝设置

● 步骤 1　进入千牛工作台，在营销中心选择店铺营销工具中的店铺宝，单击“店铺宝”页面，如图 6–1–15 所示。

图 6–1–15　单击“店铺宝”

● 步骤 2　单击“立即创建”按钮，进入活动设置页面，填写活动名称、活动时间、优惠类型等活动信息，如图 6–1–16 所示。活动时间最长可设置 180 天。

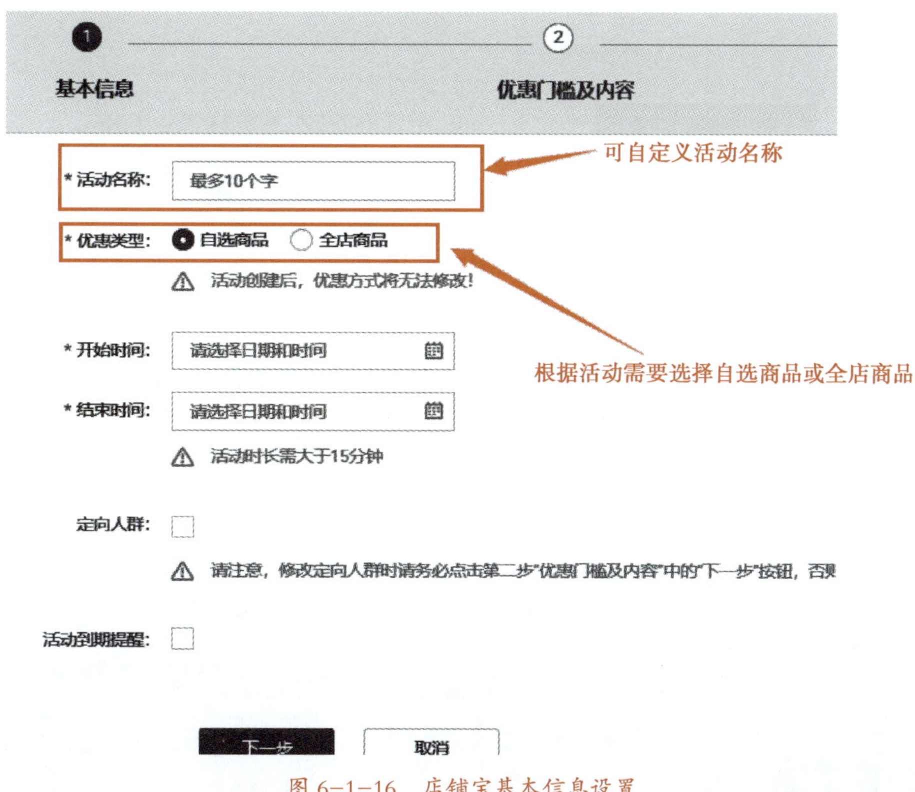

图 6–1–16　店铺宝基本信息设置

● 步骤 3　单击“下一步”按钮，进入优惠门槛及内容设置页面，根据需要选择对应的优惠条件和优惠层级，如图 6–1–17 所示。

● 步骤 4　单击“下一步”按钮，进入“指定活动商品”页面，选择活动商品，如图 6–1–18 所示。

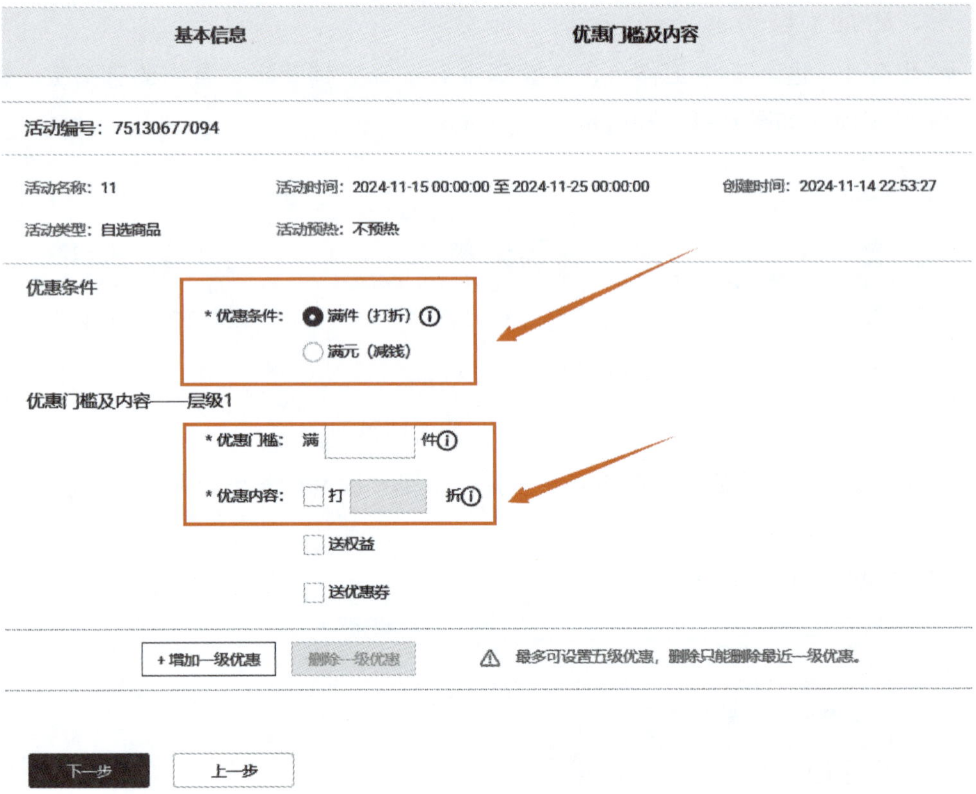

基本信息
优惠门槛及内容
活动编号：75130677094
活动名称：11
活动时间：2024-11-15 00:00:00 至 2024-11-25 00:00:00
创建时间：2024-11-14 22:53:27
活动类型：自选商品
活动预热：不预热
优惠条件
* 优惠条件：
满件（打折）
满元（减钱）
优惠门槛及内容——层级1
* 优惠门槛：满
件
* 优惠内容：
打
折
送权益
送优惠券
+ 增加一级优惠
删除一级优惠
最多可设置五级优惠，删除只能删除最近一级优惠。
下一步
上一步

图 6-1-17　优惠门槛及内容设置

指定活动商品
选择商品
已选商品
导入历史
商品名称/ID：
商品名称或ID
商品编码：
商品编码
店铺分类：
全部商品
商品状态：
全部状态
搜索
预售品订单合并支付时，会被拆成多个主订单，满件赠赠品随机挂靠，逆向退款时可能存在赠品多退/少退的风险，满件赠活动请谨慎选择预售商品。查看详情
商品描述
价格
预估最低到手价
库存
操作
全选
批量参加活动
2023新货大董占和冷冻甜糯玉米A级40根有机非转基因江浙沪皖包邮
ID：605008961830
¥48
¥48
307
已选择
大董占和黑土地东北速冻玉米有机软糯香甜皮薄精品整箱20根
¥98
¥98
100
参加活动

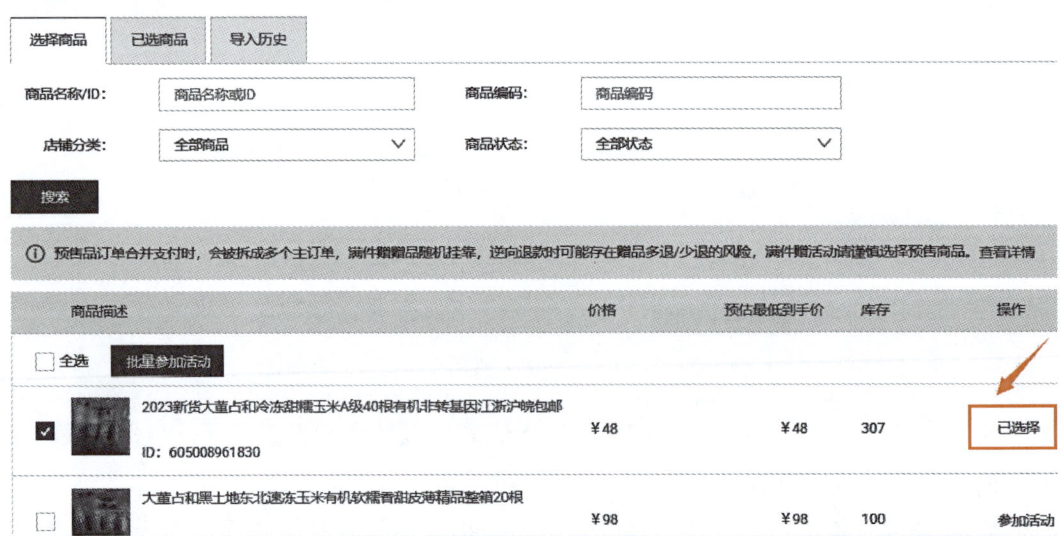

图 6-1-18　选择活动商品

- 步骤 5　活动设置完成后，可对活动进行管理，如图 6-1-19 所示。

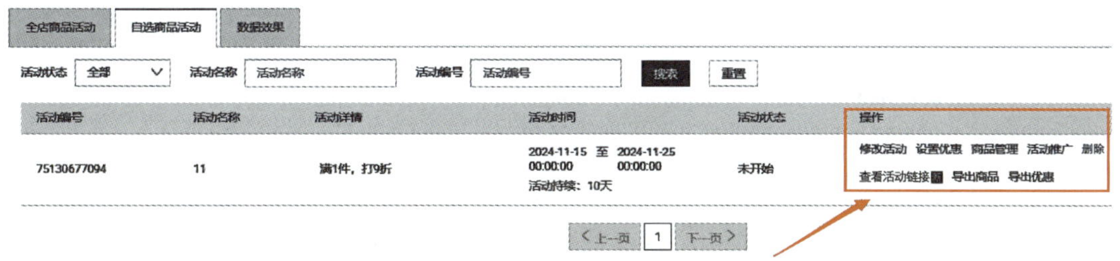

图 6-1-19　店铺宝活动管理

拓展训练

1. 根据单品宝的设置方法，分别完成单品宝减钱、促销价的设置。
2. 根据优惠券的设置方法，完成商品优惠券的设置。
3. 根据店铺宝的设置方法，完成全店商品满减设置。

思考与练习

1. 网店促销的目的是什么?
2. 网店促销有哪些时间点?
3. 列举几种网店常用的促销工具，简要说明其各自特点和适用场景。

任务 2　平台活动报名

学习目标

- 知识目标

1. 了解平台活动的类型
2. 掌握参加平台活动的目的
3. 能掌握平台活动的报名要求

技能目标

能根据平台活动报名流程完成活动报名

相关知识

平台活动是由电商平台发起、组织，并统一协调形式、内容、时长、参与商家或商品以及后续服务的活动。商家可以在活动页面浏览并选择适合自己参加的活动形式，单击进入活动页面后，根据页面给出的提示和规则报名参与。通过参加平台活动，可以增强品牌知名度、打造爆款、提升销量。

一、平台活动的类型

平台活动包括网站常规推广或促销活动，如日常活动、主题活动和自创活动等。每个官方活动都会在该活动页面详细说明活动规则和活动要求，所有参加活动的商品必须符合活动要求，所有参与活动的商家必须遵守活动承诺。

1. 日常活动

电商平台日常活动是指电商平台为了提升销售额、吸引用户、增加用户黏性而定期或不定期举办的一系列促销活动或互动形式。这些活动旨在通过提供优惠、增强购物乐趣以及加强用户与平台之间的互动等方式，激发消费者的购买欲望，促进商品的销售。常见的电商平台日常活动包括促销打折、秒杀抢购、新品推广、会员专享、积分兑换、互动营销等。这些活动不仅有助于提升电商平台的销售业绩，还能够增强消费者对平台的信任感和忠诚度，进而推动电商平台的持续发展。同时，电商平台也会根据市场趋势、用户需求以及平台定位等因素，不断调整和优化日常活动的内容和形式，以更好地满足消费者的购物需求，提升消费者的购物体验。

2. 主题活动

电商平台主题活动是指电商平台为了特定目的或目标，如推广品牌、增加销售额或提升消费者活跃度，而策划的具有特定主题和内容的营销活动。这些活动通常围绕一个或多个核心主题展开，通过设计富有创意和吸引力的活动形式，吸引消费者的关注和参与。

主题活动的核心在于主题的选择和内容的策划。电商平台会根据市场需求、消费者喜好以及平台定位等因素确定活动的主题，如节日促销、季节主题、品牌活动等。同时，平台还会设计相应的活动内容，如特价商品、发放优惠券、抽奖活动、互动游戏等，以激发消费者的参与热情和购买欲望。

通过主题活动，电商平台不仅能够提升消费者的购物体验，还能够增强消费者对平台的认知和信任。同时，主题活动也是电商平台进行品牌推广和市场营销的重要手段，有助于提升平台的知名度和影响力。

3. 自创活动

电商平台自创活动是指电商平台根据自身定位、消费者需求和市场趋势，自主策划和开展的一系列特色营销活动。这些活动旨在提升平台品牌形象、吸引消费者关注、增强用户粘性，并推动销售业绩的增长。除了在一些节日会做优惠活动外，还有很多自创的活动日，如每年的上半年和下半年，会有“家装节”；每到开学前，电商平台会推出“开学季”优惠活动等。

另外，有一些大促活动是电商平台自创的，规模较大，旨在通过提供各种优惠、折扣等方式，提高商品销售额和网站流量，激发消费者的购物欲望，实现销售目标。电商大促活动通常会在一些特定的时间节点或者节日期间举行，比如“双十一”“618”“年货节”等，这些时期的电商大促极具吸引力，既有大量的商品打折优惠，又有丰富多样的活动供消费者参与，是电商平台提升销售业绩的重要手段。

二、参加平台活动的目的

1. 提升成交量

提升成交量是平台活动最直接、最主要的目的。通过参加平台活动，商家能够吸引更多的消费者，从而带动销售额的增长。在活动期间，消费者往往有更强的购买意愿和更高的购买预算，商家抓住这一契机能显著提升业绩。

2. 提高网店知名度

电商平台活动是品牌传播和推广的重要渠道。通过参加平台活动，商家能够展示自身的品牌形象和特色，会在一定时间内让客流量和商品点击量迅速上升，进一步提升品牌知名度和美誉度。同时，平台活动还能够吸引媒体和社交网络的关注，进一步扩大品牌的影响力。

3. 增强用户黏性

电商平台活动能够增加用户的黏性，增强消费者对平台的信任度和忠诚度。通过举办有趣的、互动性强的活动，平台能吸引消费者积极参与，提高消费者的活跃度和留存率。同时，通过提供优质的产品和服务，平台还能建立起良好的口碑，进一步增强用户的黏性。

4. 收集用户数据

在举办活动的过程中，电商平台可以收集到大量用户数据，如购买习惯、偏好等。

这些数据非常有价值，有助于后续的精准营销和个性化推荐，从而提高营销效果和消费者体验。

三、平台活动的报名要求

电商平台活动的报名要求因平台和活动类型的不同而有所差异。平台活动报名基本要求如下。

1. 店铺星级或评分要求

参加平台活动通常要求商家需要达到一定的星级或符合评分要求。例如，京东要求其店铺星级不低于 3.5 星，淘宝店铺半年内的 DSR 评分中三项目标均值不得低于 4.7 等。这一要求主要是为了确保参与活动的商家具有良好的信誉和服务质量。

2. 违规行为限制

参加平台活动通常要求商家在过去的一段时间内不能有严重违规行为或处于限制期，否则将无法报名参加活动。下面是淘宝平台对违规行为的限制要求：

（1）近 90 天内无一般违规行为节点处理记录；

（2）近 90 天内无虚假交易扣分；

（3）近 365 天内无严重违规行为节点处理记录；

（4）近 730 天内出售假冒商品分值未达 24 分，本自然年内出售假冒商品累计未达二振（商家的账户售假处罚累计达到第二次）；

（5）近 60 天内无异常店铺管控处罚记录；

（6）未在搜索屏蔽店铺期；

（7）无其他被限制参加营销活动的情形。

3. 物流履约或服务能力要求

商家需要满足一定的物流履约能力或服务要求，如近 30 天物流履约因子排名率≥5%，或开通晚必赔服务等。这有助于确保活动期间的订单准时送达，提升消费者体验。

4. 商品要求

参与活动的商品需要符合平台的规定，如商品好评率、开通放心购等。部分活动可能还要求商品具有特色或创新性，以吸引更多消费者关注。

5. 保证金或资质证明

部分平台可能要求商家缴纳一定的保证金或提供相关的资质证明，以确保卖家的合规性和活动的顺利进行。

四、平台活动报名流程

电商平台活动报名流程因平台和活动类型的不同而有所差异。一般包括以下步骤：

1. 登录平台并查看活动信息

商家需登录电商平台的卖家后台或相关活动页面，查看当前正在进行或即将开始的活动信息，根据自己店铺商品的特点和需求，选择适合的活动类型。

2. 了解活动要求和规则

在报名前，商家应仔细阅读活动的规则和要求，包括参与资格、活动时间、活动品类限制、促销方式等，以确保自己符合所有条件。同时，了解活动的具体要求和流程。

3. 填写报名信息

商家应按照平台的要求填写报名信息，包括店铺基本信息、活动计划、商品信息等。在提交商品前，需准备好活动所需的商品信息，包括商品标题、价格、库存、主图、详情图、属性等，应确保商品信息准确、完整，且符合活动要求。

4. 提交申请并等待审核

填写完报名信息后，商家需要提交申请并等待平台的审核。平台会对商家的资质、信用、商品质量等进行综合评估，以确定是否通过审核。

5. 审核通过并准备活动

如果商家的申请通过审核，平台会通知商家参加活动，并告知具体的时间、要求和流程。商家应按照平台的要求准备好参加活动的商品、营销素材等，确保活动顺利进行。

6. 活动期间的管理

在活动期间，商家应及时关注商品的销售情况和消费者的评价，根据销售情况和消费者反馈，适时调整商品的价格、库存等信息，以提升活动效果和消费者体验。

需要注意的是，不同平台的报名流程和要求可能有所不同。商家在报名前需要仔细了解平台的规定和要求，并按照平台的指引进行操作。同时，商家也需要提前规划好活动策略，确保活动的效果和收益。

任务实施

芭芭农场是淘宝平台推出的一个重要活动，通过提供有趣、互动性强的内容，有

效提升了淘宝平台的品牌形象和用户认知。同时，通过与优质农产品供应链资源的合作，芭芭农场还向用户传递平台对产品品质和用户体验的重视，增强用户对平台的信任感。参与活动报名的操作如下：

1. 活动报名操作

● 步骤 1　在营销活动中心左侧菜单栏中选择“活动报名”中的“可报活动”，然后在“营销场景”中找到需要报名的活动——芭芭农场活动价报名入口，如图 6–2–1 所示。

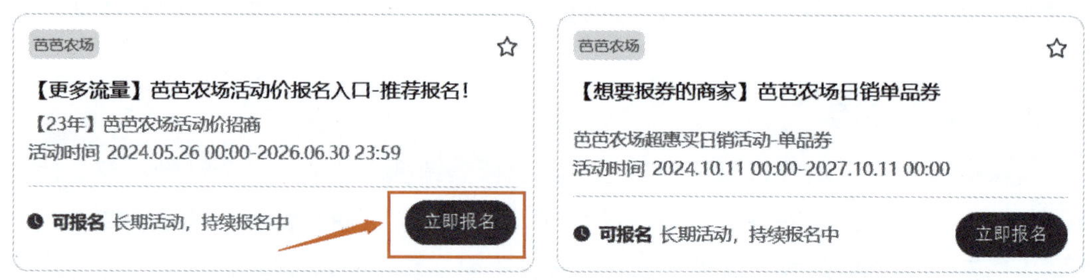

图 6–2–1　芭芭农场活动价报名入口

● 步骤 2　查阅报名资质条件。如果符合报名资质条件，则签署协议，单击“同意并下一步”按钮，如图 6–2–2 所示。

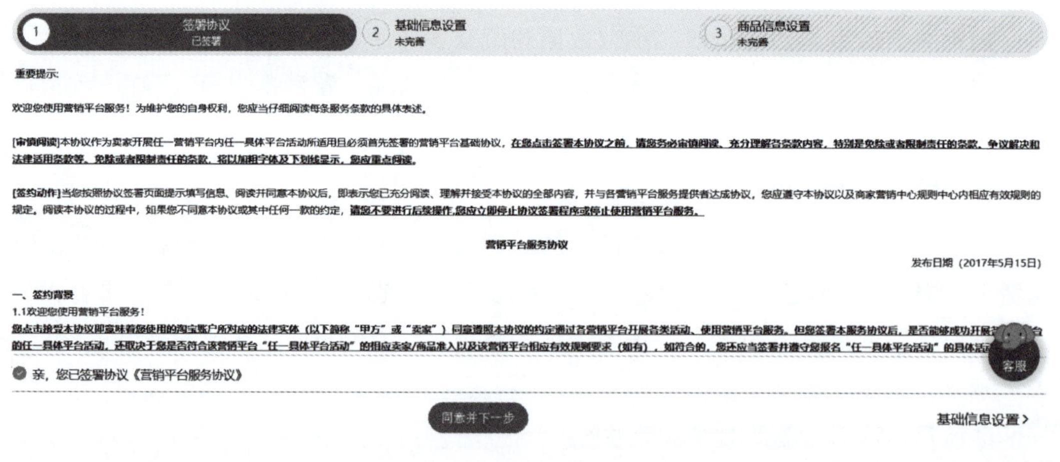

图 6–2–2　签署协议

● 步骤 3　填写基础信息，选择要报名的商品，单击“提交并下一步”按钮，如图 6–2–3 所示。

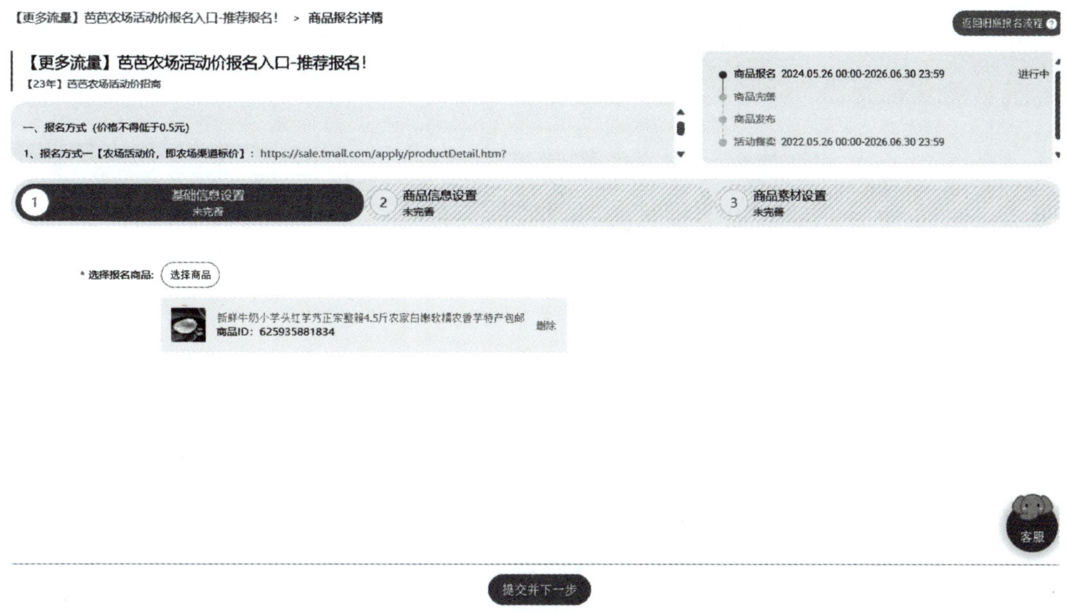

图 6-2-3　选择报名商品

● 步骤 4　进行商品基础信息设置，选择商品价格类型，填写活动价，选择商品包邮等，如图 6-2-4 所示。

图 6-2-4　商品基础信息设置

● 步骤 5　进行商品素材设置。提前准备好商品素材，包括商品标题、店铺关联商品 ID、商品利益点、商品透明图等，完成后单击“提交”按钮，如图 6-2-5 所示。

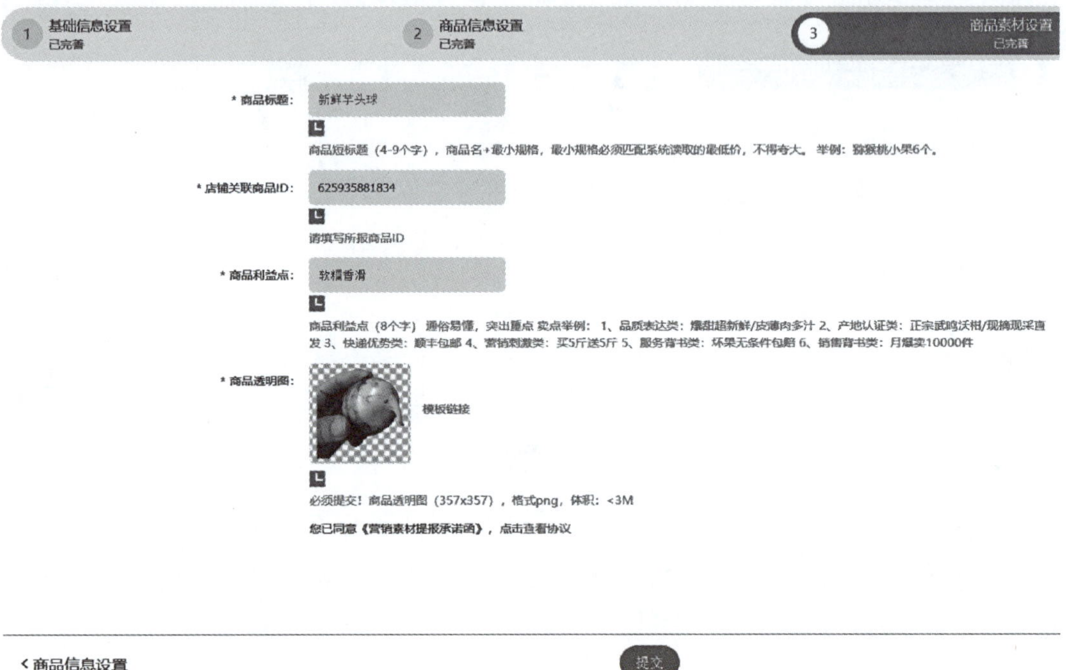

图 6-2-5　商品素材设置

● 步骤 6　报名成功后，选择左侧菜单栏中的“已报活动”选项，在“商品管理”栏中查看“活动状态”，显示商品已经在活动中，如图 6-2-6 所示。

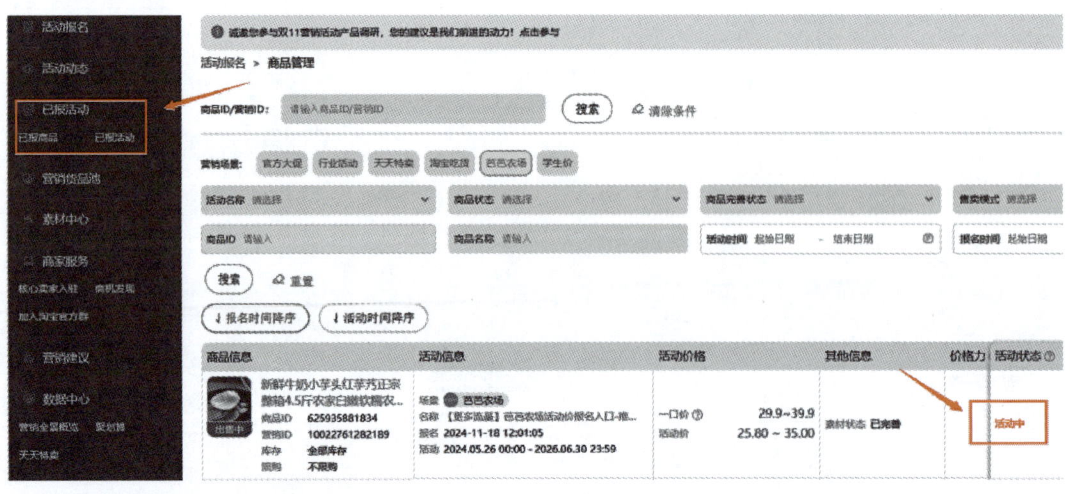

图 6-2-6　查看活动状态

● 步骤 7　在报名活动页面，查看商品报名详情，如图 6–2–7 所示。

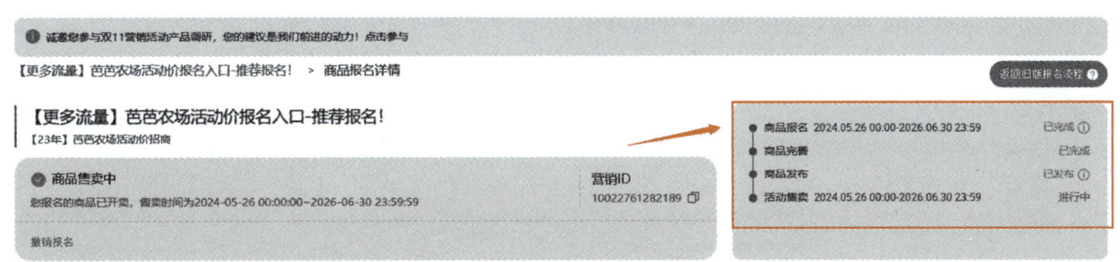

图 6–2–7　查看商品报名详情

2. 撤销报名操作流程

选择左侧菜单栏“营销中心”中的“已报活动”，单击“芭芭农场”选项，查看“商品信息”，找到对应需要撤销的活动，单击“撤销报名”即可，如图 6–2–8 所示。

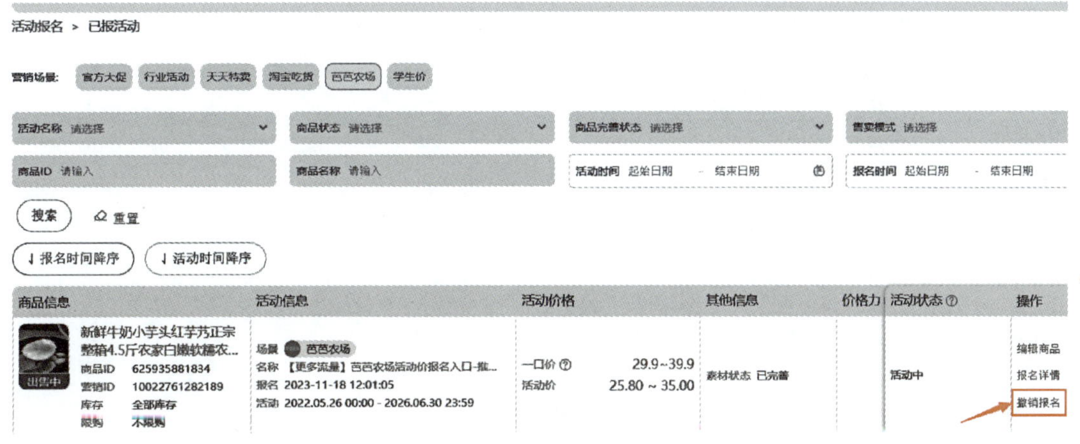

图 6–2–8　撤销报名

3. 修改活动价格、库存

（1）修改活动价格。

● 步骤 1　选择左侧菜单栏“营销中心”中的“已报活动”，单击“芭芭农场”选项，查看“商品信息”，找到对应需要修改的活动，单击“编辑商品”选项，如图 6–2–9 所示。

● 步骤 2　在编辑商品页面，对商品的活动价格进行修改，如图 6–2–10 所示。

（2）修改库存。

在千牛工作台，选择“出售中的宝贝”，找到对应商品，单击商品库存数值旁边的 ✎，即可修改库存值，如图 6–2–11 所示。

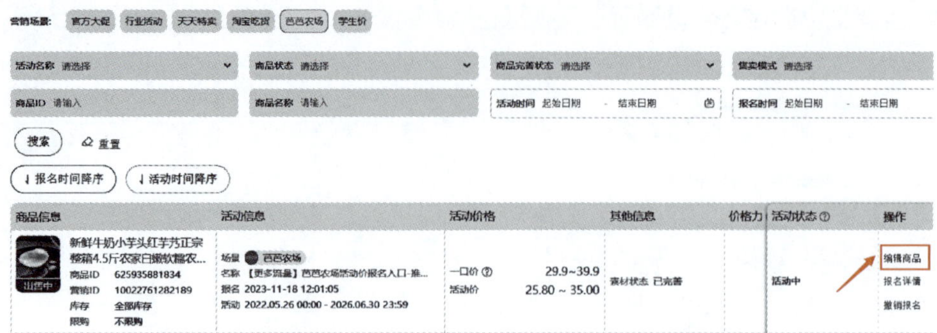

图 6-2-9 单击“编辑商品”选项

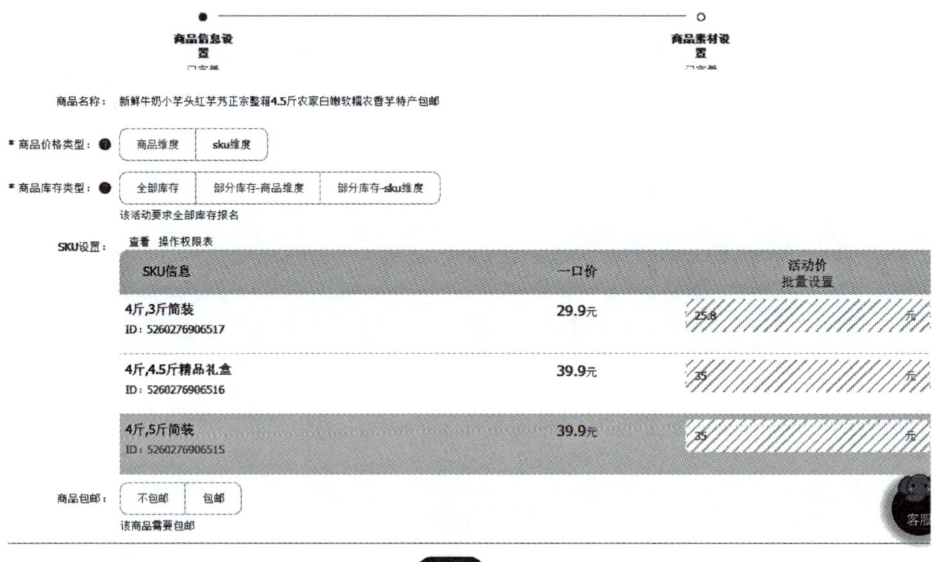

图 6-2-10 商品活动价格修改

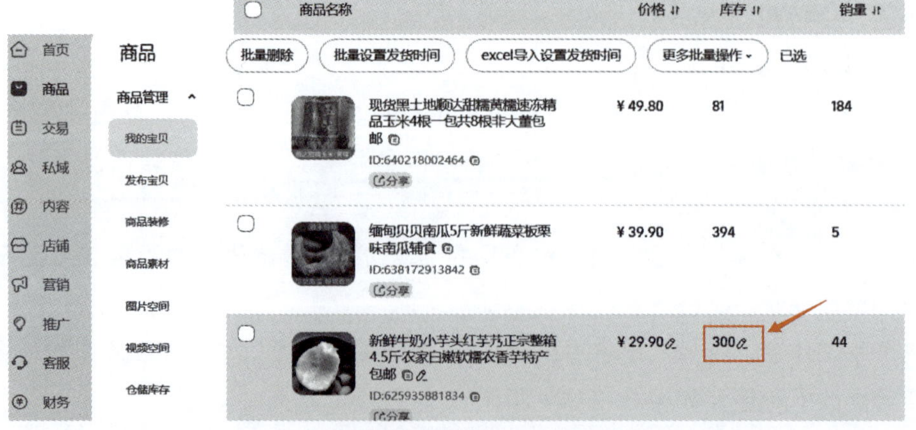

图 6-2-11 商品库存修改

拓展训练

在淘宝平台上选择行业活动，报名参与该活动，如图 6-2-12 所示。写出活动报名步骤。

图 6-2-12 行业活动

思考与练习

1. 平台活动的类型有哪些？
2. 平台活动的报名要求是什么？
3. 简述电商平台活动报名流程，并指出每个环节的关键点。
4. 在活动报名及准备过程中，商家应如何与平台进行有效沟通，以确保活动顺利进行？